标准数独

从入门到精通

畅销升级版

	2		4		6			
		7			8	1	4	3
	4		1		7		5	
							7	
	6		8		4		3	
3	7	4	9	1		6	2	
	9		7				6	
		8				5	1	
	1		5		3			4

		3				7		
9		4				2		
	5	6				1		
		5			8	6	2	
	4	2		7		5		8
8		1		2	5	4	9	3
		9				8		
2		7				9		6
	6			1	9	3	7	2

张齐天 著

中国纺织出版社有限公司

内 容 提 要

本书结合了理论数独的研究和数独技巧的实际使用两个方面，全面分析了数独界近乎全部的标准数独技巧的构型、使用方法和观察技巧。本书全面分析数独技巧，通过技巧理解难度、技巧观察难度和技巧罕见程度三个方面，对所有书中提到的技巧做出全面的分析和概括，并采用了方便理解的“口语化描述”来专业地讲解数独技巧。最后配套设有120道数独题目，提供给大家练习。希望大家在学习过程中，能够得到许多收获！

图书在版编目（CIP）数据

标准数独：从入门到精通：畅销升级版 / 张齐天著. --北京：中国纺织出版社有限公司，2023.1

ISBN 978-7-5180-9824-8

Ⅰ. ①标… Ⅱ. ①张… Ⅲ. ①智力游戏 Ⅳ. ①G898.2

中国版本图书馆CIP数据核字（2022）第161437号

责任编辑：郝珊珊　　责任校对：高　涵　　责任印制：储志伟

中国纺织出版社有限公司出版发行

地址：北京市朝阳区百子湾东里A407号楼　邮政编码：100124

销售电话：010—67004422　传真：010—87155801

http://www.c-textilep.com

中国纺织出版社天猫旗舰店

官方微博 http://weibo.com/2119887771

鸿博睿特（天津）印刷科技有限公司印刷　各地新华书店经销

2023年1月第1版第1次印刷

开本：710×1000　1/16　印张：11.5

字数：208千字　定价：49.80元

前　言

我编写这本教程的目的是帮助更多人来了解和理解数独。只要您有一支笔和一张纸，您就可以做数独了。

数独是一个逻辑推理的游戏。如本书封面上的题目，在空格中填入1~9的其中一个数字，使每一行、每一列以及每一个3×3的小九宫格（图中用了加粗的线分隔开了9个九宫格）内的数字都不重复。

这就是数独，以数字作为载体的逻辑推理游戏。看到这里大家就应该明白点什么了吧?

之前有人问过我，数独是不是需要计算啊?其实是不需要什么计算的。放心，绝对没那么难。但是仍然有很多人对数独这个游戏有比较大的误解，说“数独的提示数越少越难”（提示数就是指刚开始填的时候给的提示）。其实不然，数独的提示数太少，是没法保证题目答案的唯一性的，因为数独有且仅有一个答案。一旦出现多解，我们就普遍认为，这是不合适的，所以应该避免出现此类题目。我在第一章里将讲解相关的内容。另外，数独的难度取决于给的提示数的位置和它本身的值。在有唯一解的题目中，提示数给得越紧密，难度可能会越大；而提示数给得越分散，相对于前者来说，就会好做一些，因为各个位置基本上都有提示，推理起来思路会比较清晰。

本书只会讲到标准数独的所有基础技巧及其使用方法。在后面的讲解中，“数独”都只表示标准数独，变型题目则不会在本书中出现。但是，除了讲解技巧的使用方法外，我会在此拓展部分较难的技巧，讲解如何更快、更有效率地观察到它。

本书将按照数独出现的稀有度、难度和其他评判标准来讲解所有数独技巧。如果您对数独的技巧很感兴趣的话，这本教程将很适合您；如果您水平已经比较高了，那么这本书也可适当为您拓展高级技巧，但不利于您平时的数独练习。本书旨在介绍所有类型的数独技巧、一些定理及其数学证明，而不仅是摒除法、唯余法和数组法，看此书很有可能会降低您做数独的速度。

下面来看一些专家对数独技巧学习的观点和看法：

胡蒙汀（全国知名数独技巧研究者）：

数独技巧的学习，犹如攀登一座未知的高峰。没有速成之道，只能脚踏实地。对于五花八门的技巧，无论是候选数类、直观类，还是链网类、唯一性类，我们首先要做的是认清其实质——找到有效逻辑关系的快速观察方法。同一个删数，各人所习惯的观察角度会有很大差别。所以，适合自己的方法，才是好方法。竞速的目标是结果，技巧的重心是过程。怀揣虚心、耐心，摒除浮躁，慢下来会欣赏到不一样的风景。

孙靖尧（全国标准数独技巧研究者）：

多思考，学好数独的关键在此，学好数独的乐趣也在此。学数独不一定会一帆风顺，唯有思考能让你领会更多。

谢道台（知名标准数独出题人）：

按部就班，别想一步登天。这里面的含义很深，必须由新人慢慢自行体会。

姚枭鹏（大学数独社团长）：

漫漫数独之路，技巧这一块真叫人欲罢不能。从排除唯余数对组，到真假逻辑强弱链，再到BUG矩形唯一环，数独技巧的魅力与日俱增，征服数独的欲望也会愈来愈强烈。学习数独技巧的过程，其实也是理清思路、理解本质的过程。无论是对于初学者还是高端玩家，数独技巧永远是值得反复咀嚼的精华！

目录

CONTENTS

CONTENTS

CONTENTS

CONTENTS

CHAPTER 1

第1章
“独”数之道

1.1 数独简介

欢迎来到标准数独的世界！从现在开始，您将步入标准数独的殿堂，并学习到迄今为止最为专业的数独技巧。不过，如果您还没有任何基础的话，就请跟着我来吧！

数独是一种有趣的益智游戏。它需要您在空格内填入1~9的其中任意一个数字，使得每一行、每一列以及每一个正方形的小九宫格内的数字都不重复。如下面三个数独盘面格子（以后均简称“盘面”）所示（图1–1），分别是行、列和小九宫格（以后均简称为“宫”）不重复的情况。

4	9	2	3	5	7	8	1	6	√

（a）盘面1（行不重复）

				4				
				1				
				9				
				2				
				3				
				5				
				8				
				6				
				7				
				√				

（b）盘面2（列不重复）

图1–1

√

2	4	7						
9	1	6						
3	8	5						

（c）盘面3（宫不重复）

图1-1　数独规则简介

所谓的行，就是每一横排；而列，就是指每一竖列；那么每一个小九宫格（宫），指的是用粗线围住的3×3的九宫格区域。当然，整个盘面的每一行、每一列和每一个宫都得做到像上面三个盘面所示的那样，数字1~9不重复。但是，只要发现某一行、某一列或者某一个宫内有两个数字是相同的，那就一定错了，因为这并不满足数独的相应规则。

数独，顾名思义，数字的出现必须要“独”，也就是不得重复。但是“独”不只有这个意思。数独还有一“独”，那就是任意合格数独盘面都只有唯一的一个答案。也就是说，每一个格子都只有唯一的一种填法，这样才能真正体现数独的“独”的特性这样才叫“独”之道。

请注意一点。图1-1的盘面1到盘面3都不是真正意义上有唯一答案的盘面。因为它给出的几个数并不足以让题目形成唯一的答案。那么在最开始的情况下，就必须得让题目有一定的、能给我们推理的“提示数字”，这样的数字称为提示数或者已知数。那么，初始情况下，至少必须得给出多少个提示数，才可能保证题目只有一个答案呢？这个数字可能会让你觉得匪夷所思——17。不过这个数字具体是怎么求得的，这一点就不在这里展示了，它牵涉到了大量的数学知识。至少有17个提示数，才可能保证题目只有一个答案，但是，这也只能是“可能”保证。因为随机给定17个提示数的题目很可能不具有唯一答案。

后续内容之中，会将“唯一答案”换一种说法，即“唯一解”；含有多个答案的题目称为“多解题”，没有正确答案的题目称为“无解题”。多解题和无解题都是我们应该予以避免的，因为它们是在出题过程中不严谨而导致出错的“劣质题目”。很多时候我们都不能直接从题目看出这题是否有唯一解，所以它们还会耽误大量的时间，这就要求我们去做一些正规出版物中收集的题目。

数独小历史

数独的最早起源一直是备受争议的话题。有人说它最早来源于欧拉的拉丁方块（没有宫的规则的标准“无宫”数独）；而有一部分人士说，数独发源于一个工人；也有人称，数独起源于中国的洛书。

我们不能确定谁是对的，但数独的发展的确有很长的历史了。它先是风靡了欧洲和美洲，然后大约在20世纪传入亚洲，并在日本发展和推广。主要做推广的是Nicoli公司。数独最早被称为“填方块”（Number Place），在日本则被称为“数字具有唯一的限定条件（的游戏）”（数字は独身に限る）。由于日文版的名字太长，随后就被简化成两个字——数独，并一直沿用至今。

中国大陆于2006~2007年接触到数独，并在其间派出国家队参与全球比赛，获得靠前的名次；而真正向公众公开推广，则是在

2008年。

现在，数独已经广泛进入各大学校，并作为奥林匹克数学竞赛的相关竞赛题目。各大学、中学，甚至小学，也有数独相关社团和数独活动。

1.2 坐标表示及相关说法

在数独中，我们为方便描述一些相关说法，就引入了“坐标”这一个概念。每一行我们记为字母A到I，而每一列我们记为数字1到9。那么第3行第6格我们就会简记为“单元格C6”，而其前面的“单元格”这三个字可以被省略。可不要小瞧这些写法，在后续的讲解中，我们都会采用这一种描述形式。而且目前在中国的数独界，都是采用这一种描述方式的（图1–2）。

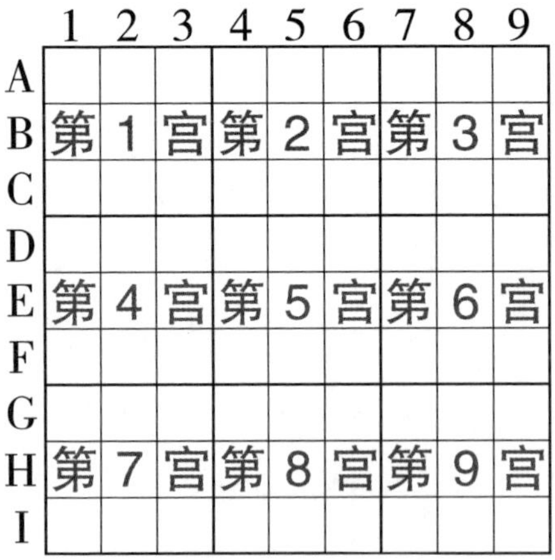

图1–2　盘面 4

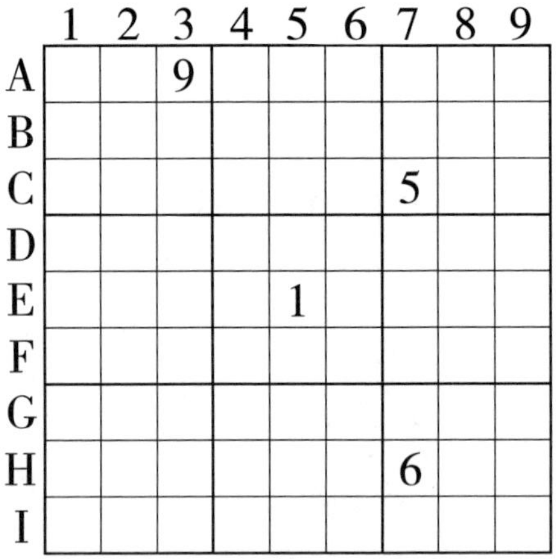

图1–3　盘面 5

如盘面5（图1–3）所示。上面有4个数字，那么我们可以将“第5行第5格内是数字1”简记为“E5=1”；同理，其他3格可以记作A3=9、C7=5和H7=6。单独只说第3行的话，就可以直接记作“行C”，第6列就记作“列6”。一个盘面的9个宫，则是按照从左到右、从上到下的顺序依次排序，得到宫的编号。例如：A3在宫1内，C7在宫3内等。

这也就是行、列、宫、格以及坐标的介绍。

那么，我们都具有基本的能力了，现在我们就可以真正开启数独逻辑的盛宴了！

第2章
直观技巧

2.1 简介

标准数独大体可以分为3个类型。

第1类，是根据数独的规则，直接观察就可以填入数字的题目，这一类只会使用到一些简单的逻辑推理方法。

第2类，是不能够只靠直接观察来完成题目，还需要借助一些我们已经发现的、形成结构化的技巧（定式技巧），才能完成的题目。

第3类，则是根据定式技巧都没法完成，还需要寻找一系列数字（可以是同一种数字，也可以是不同种数字）之间的关系，形成思路链条和思路网，从而进行删数的题目。这样的题目难度往往特别大。

盘面6（图2-1）是一个数独盘面。每一个空格内都有很小的黑色数字，称为候选数，它们就表示在当前格子内可以填入的所有情况。但是，一般情况下（比如比赛之中、做题过程之中），候选数都是默认不标注出来的。这意味着，如果题目简单，不需要这些候选数就可以完成题目。这也就是第1类题目了。而题目稍微有点难度，就需要自己标注。这一类题目就不如第1类题目简单。另外，黑色数字表示题目给出的提示数，下面加横线的数字为做题时填入的数字，之后的盘面将不再解释。

1	5	9	8	3	6	2	4	7
6	78	247	24	249	1	5	89	3
48	3	24	7	249	5	189	6	189
7	4	3	5	6	2	89	1	89
5	6	1	3	8	9	4	7	2
9	2	8	1	7	4	3	5	6
3	18	5	9	14	7	6	2	148
48	1789	467	246	124	3	189	89	5
2	19	46	46	5	8	7	3	149

图2-1　盘面 6

技巧分为两种：一种为逻辑技巧，即利用逻辑思维进行假设推理，推导得到结论的技巧；另一种为试数，是没有任何逻辑，但容易理解并且效率较高的技巧。前者要用到逻辑推理，比较符合数独的思想和理念，所以我们一般尽量避免使用试数，而使用逻辑推理方式完成题目。

2.2 排除法

2.2.1 宫排除法

排除法，也称摒除法，是最为简单、最为基础的解题技巧。由于标准数独的规则为"填入数字使得每一行、每一列以及每一个宫内的数字均不重复"，而每行、每列以及每宫都有9个单元格，而又必须填入1~9这9个数字，所以我们就应该知道，1~9这9个数字，每个数字都要出现，而且每一个数字都恰好只出现1次。于是，我们有了这样一种技巧。

它被分为两种类型。宫摒除法是在宫内进行摒除的办法。如盘面 7（图 2-2）所示：

我们可以观察到，数字3在宫1内只有唯一的一个位置可以填，就是A3。由于列1、列2中已经出现了3，并且行B、行C也出现了3，所以在宫1内，3的位置将不得出现在A1、A2、B2、B3、C2、C3这6格。而由于宫1内必须出现数字3，所以只能填入A3处。因此，A3=3，即如盘面7所示。

		3						
6					4	7	1	3
1				3		6	4	2
4	3		6					
2		6				8		1
					9		6	4
3	7	5		4				6
8	1	4	2					5

图2-2　盘面 7

以上技巧由于在宫内得到结论，所以就被称为宫排除法。

2.2.2　行列排除法

宫排除法是在宫内进行排除的方式，而行列排除法则是在行或者列中进行排除的方式。

	3	9		4	1		7	
		2		8				
		8					6	1
8			7		6			4
		7		3		5		
2			4					7
7	8							
3				6		7		
	2		9	7		3	4	

图2-3　盘面 8

如盘面 8（图2–3）所示。我们可以观察到，在列1中，数字3只能填在H1处。因为列1内有6个空格，而提示数3的位置使得A1、B1、C1、E1和I1这5格都不得填入3，因此3被“框”在了H1处。所以H1=3。

这种方法就被称为行列摒除法或行列排除法。行列排除法分为两种，一种是行排除法，即关于某一行进行排除；另一种是列排除法，即关于某一列进行排除。

在做题过程中，可以采用图中这种涂色的方式来看，会很轻松。盘面8是关于列1进行排除的，所以它被称为列排除法。而盘面 9（图2–4）中有一个行排除法的例子，请找出来。

4		6	8	9				
					3	2		8
	7						9	
					9	7	2	
				5				
	8	4	7					
	6						4	
9		3	1					
				2	7	9		6

图2–4　盘面 9

2.3 区块排除法

区块排除法是特殊的排除法，它和之前的排除法有些许的不同。它分为两种。

如盘面10（图2–5）所示。我们发现在宫2中，数字4的位置无论是在A5还是A6，都恰好在行A。但是无论怎么说，这两个位置都必须有一个数字填入4，因此行A的其余位置都不能填4。D9和F9同理。此时我们发现，宫3只有C8可以填4，所以C8=4。

这种技巧被称为区块排除法，而盘面11（图2-6）这个例子则为另外一种区块排除方法，只是推理过程稍微反了一下。

1								
	4	9	2	6	3			8
8		2	1	7	5		4	
2	9	1	7				8	
4	8			2			7	1
	7				1		2	
			4	3	2	8		
9		8				4	3	
		4						5

图2-5　盘面 10

6				9		5	2	
5	2	1				9		
8	3	9	4	2	5		7	
9								2
3	4	5	2		9	8		
2								
	9	2		4	8		6	5
	5	6	9		2	7	8	
	8	3	5	6		2		

图2-6　盘面 11

如盘面 11所示。我们观察到，在列7上，填4的位置只剩下了D7和F7这两个单元格。但是不管哪一个是4，我们始终能够发现的是，这一宫（宫6）内，其余位置都不能再填入4。那么观察行E，我们发现，最终行E能够填入4的只有一个位置——E2。因此，E2=4。

在做题过程中，可以采用图中的这种涂色的方式来看，不过这里由于是区块排除法，所以有些地方不一定很直观，就需要自己在做题过程中进行锻炼，才能很快看到它们。

2.4 唯一余数法

如盘面12（图2–7）所示，根据盘面所给出的提示数，普通的排除法和区块排除法已经无法帮助我们找到可填的数字了。这个时候我们观察I9。

I9的相关格组分别在行I、列9和宫9，于是就看这三个单元，我们发现一共出现了1、2、3、4、5、6、7、9这些数字。根据摒除法的规则，I9的位置将不得填入它们。神奇的是，在9个数字中，只有8没出现。根据“1~9的每个数字都要出现一次”的法则，得到结论，I9=8。

	2		6	9				
1			5					
		7	8		1	3		
9			1	5	8	4		3
	4	8		6		1	9	5
5			9					6
4		9	7		5	2		
			4		6	9		7
				1	9		4	8

图2–7　盘面12

以上所用的方法就是唯一余数法，简称唯余法，是一种某个单元格中被摒除法排除情况后，只剩下1~9中的某个数字没有填，从而得到它就是此单元格的值的解法。唯一余数法也可以适用于仅在同一个单元内部的推理，中文称为点算。

当全盘具有候选数的时候，唯余法将变得很好观察：某一个单元格内只有1个候选数的时候，它就是这个单元格的值，这就是唯余法。

2.5 技巧难度总结

从此章开始，每一章的最后一节都将列举出本章讲到的所有技巧的难度、罕见程度、观察难度，给您做一个相应的参考，这对后面的学习和做题有很大的帮助。

我们用12颗星表示相关程度的满分情况。

技巧名称	技巧难度	罕见程度	观察难度	综合难度
宫排除法	★☆☆☆☆☆ ☆☆☆☆☆☆	★☆☆☆☆☆ ☆☆☆☆☆☆	★☆☆☆☆☆ ☆☆☆☆☆☆	★☆☆☆☆☆ ☆☆☆☆☆☆
行列排除法	★★☆☆☆☆ ☆☆☆☆☆☆	★☆☆☆☆☆ ☆☆☆☆☆☆	★★★☆☆☆ ☆☆☆☆☆☆	★★☆☆☆☆ ☆☆☆☆☆☆
区块排除法	★★☆☆☆☆ ☆☆☆☆☆☆	★☆☆☆☆☆ ☆☆☆☆☆☆	★★★☆☆☆ ☆☆☆☆☆☆	★★☆☆☆☆ ☆☆☆☆☆☆
唯一余数法	★★☆☆☆☆ ☆☆☆☆☆☆	★☆☆☆☆☆ ☆☆☆☆☆☆	★★★☆☆☆ ☆☆☆☆☆☆	★★★☆☆☆ ☆☆☆☆☆☆

CHAPTER 3

第3章 区 块

上一章节讲到了区块排除法，此处将其拓展到候选数的层面上，那它还有什么特别的用法吗?

3.1 区块排除法

区块排除法分两种。下面一起来看一看。

3.1.1 宫区块对行列排除法

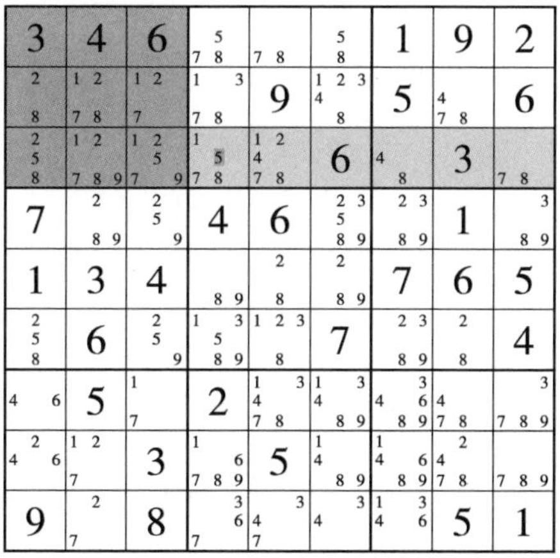

图3-1 盘面 13

如盘面13（图3-1）所示，宫1里面只有两处位置可以填入5，即C1和C3，并且它们刚好同行，不管C1=5还是C3=5，这一行都将出现一个5，因此行C的其他位置都不能填入5。因此，此处C4<>5。（注意，这里使用“<>”符号表示不填某个数字。以后都采用这个符号表示不填，也可以理解成“不等于”。）

这一类技巧称为宫区块对行列排除法，示例属于宫区块对行排除法。

3.1.2 行列对宫区块排除法

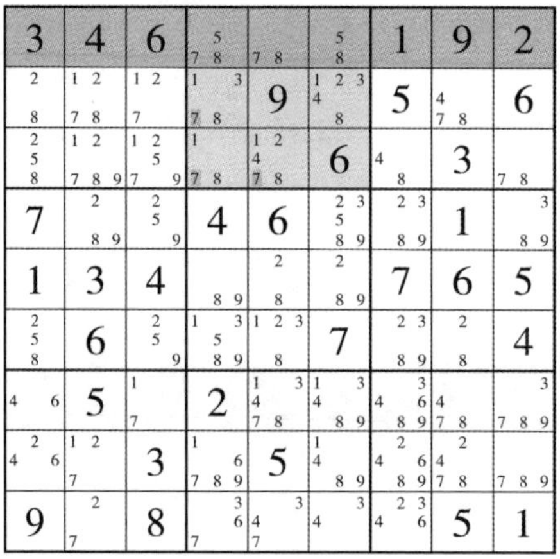

图3-2 盘面 14

如盘面14（图3-2）所示，观察行A，候选数7的位置仅存在于A4或A5。由于A4和A5处于同一宫，说明此宫的A4和A5必有一格填7。所以此宫内其余格的候选数7都可以被删除。所以B4、C4、C5都不等于7。

这一技巧称为行列对宫区块排除法，示例为行对宫区块排除法。而以上的两种技巧，都称为区块排除法，只是它是从候选数层面上来观察的。如果题目比较难，一步一步地删除候选数是非常有必要的。

在我们平时做题时，很容易碰到类似的结构，所以我们需要自己多多注意、留心去寻找这些结构，它们能够起到出其不意的效果。

3.2 死锁区块

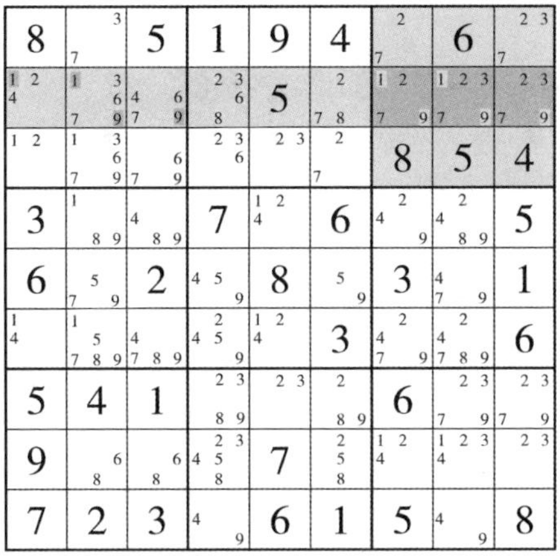

图3-3 盘面 15

当涉及不同候选数的区块的位置完全重叠的时候，就有一些特殊的观察方式。

如盘面15（图3-3）所示，我们观察宫3时，发现候选数1和9均位于同一行（行B）之中。因此删除行B内其余格的候选数1和9。

这似乎跟上面的观察角度一样，但需要注意的是，在观察时，要找到所有的部分，不能遗漏。

3.3 技巧难度总结

技巧名称	技巧难度	罕见程度	观察难度	综合难度
宫区块对行列排除法	★★☆☆☆☆☆☆☆☆☆☆	★☆☆☆☆☆☆☆☆☆☆☆	★★☆☆☆☆☆☆☆☆☆☆	★★☆☆☆☆☆☆☆☆☆☆
行列对宫区块排除法	★★☆☆☆☆☆☆☆☆☆☆	★☆☆☆☆☆☆☆☆☆☆☆	★★★☆☆☆☆☆☆☆☆☆	★★☆☆☆☆☆☆☆☆☆☆
死锁区块	★★★☆☆☆☆☆☆☆☆☆	★★☆☆☆☆☆☆☆☆☆☆	★★☆☆☆☆☆☆☆☆☆☆	★★★☆☆☆☆☆☆☆☆☆

CHAPTER 4

第4章 数组（一）—— 数组唯余法

标准数独技巧除了刚才的摒除法以及直观技巧，还有候选数技巧。在完全无法用直观技巧完成整个题目的情况下，我们会采用候选数技巧。相对于候选数技巧来说，每一个格子最多有9种不同的情况可以填，这样就会产生比之前多几倍的新技巧。而且这些技巧都非常新颖和奇特，使我们在做题过程中感到乐趣无穷。

但是，需要我们注意的是，候选数技巧只针对候选数，结论也应当是删除某个或者某些候选数的情况，而不能直接填出数字，除非遇上巧合。

此处，我会提出一个新词语——数组，这和编程语言里面的数组的定义是完全不同的。

4.1 数对唯余法

在讲数组的定义前，我们先看一个盘面。如盘面16（图4-1）所示。我们观察宫9，发现G9和I7这两格的候选数都是2和3（利用摒除法排除掉候选数）。这两个单元格刚好可以放下这两个数字，要么G9=2、I7=3；要么G9=3、I7=2，而且只有这两种情况。无论是哪种情况，宫9内的其他位置都不得填2和

3了。因此，可以直接删除掉H9（2）[1]、I8（3）、I9（2，3）。此时，我们就称G9和I7内的候选数2和3构成数对。

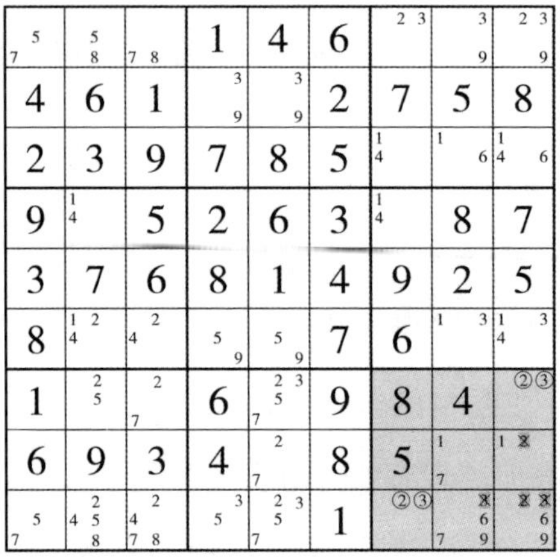

图4-1　盘面 16

这种方法和唯余法有一点像。在唯一余数法中，在1个单元格内只有1种填数情况；而这个解法里面，在2个单元格内有2种填数情况。所以，它的名字类比于“唯一余数法”，被叫作“数对唯余法”或“显性数组”。而删除候选数的过程，称为删数。相反，得到数字的过程称为出数。

另外，我们一般用符号“{ }”来列举出一个数组内的所有元素，即这里的“由2和3组成的数对”就可以简单记作“数对{23}”，且数字间并没有逗号用来分隔，即并不写作“{2，3}”。这是因为在标准数独中，仅用到1~9这9个数字，并不会出现多位数，因此并不需要用逗号隔开每个数字，也能够区分各个元素。

符号“{ }”并不只用于描述数组，还可以描述某格中的候选数组成的一个集合。例如：单元格I9存在候选数2、3、6、9，就可以简记作“I9={2369}”。

[1] 这一写法表示H9中的候选数2，其余同理。——编辑注

另外，盘面中加圆圈的是技巧涉及的数字，加叉号则表示删数情况，此后将不再重复说明。

此处再给出一个例子。盘面17（图4–2）中有两个显性数组，都比较好观察。大家可以自己尝试寻找一下。

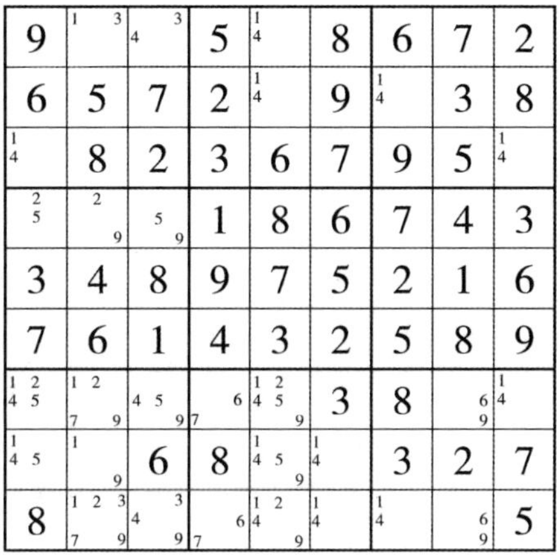

图4–2　盘面 17

回顾一下数对的定义：在同一个单元内，有2个单元格内有2种不同数字可以填，那么它们被称为数对。那么不止2个数的情况有没有呢？这当然是有的。

所以，当然可以拓展到3个数的情况。下面就是一个例子。

4.2　三链数唯余法

如盘面18（图4–3）所示。在列2里，D2={578}、G2={578}、I2={578}。

根据数组的定义，同在一个单元内出现n个单元格内存在n种不同数字，它们就能组成一个数组。我们很容易地发现，此时恰好满足n=3的情况。根据数对唯余法类比推理，候选数为{578}的情况在列2中应当只存在于D2、G2和I2，所以可以删除列2内剩余单元格的候选数{578}。

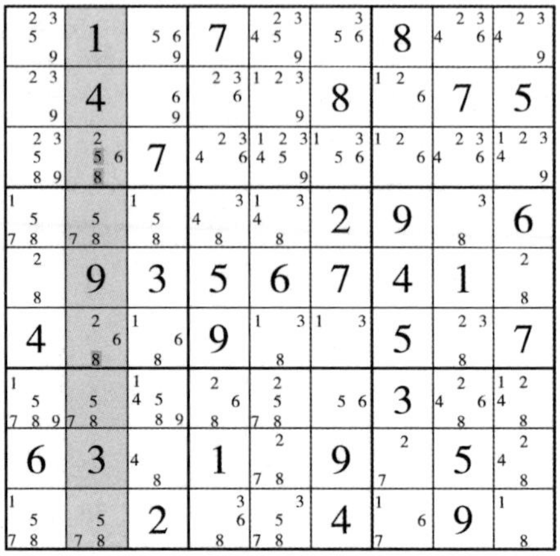

图4-3 盘面 18

当满足数组定义中n=3的情况时，我们称这样的数组叫作三链数。另外，也同样存在三数组的说法，它们都是指数组定义的n=3的情况。

数组中的定义仅包含这样一句话，可以认为组成数组的某些格中的候选数可能会缺少一些数字，而所得数组依然成立。以下是一些常见组合情况（以数字1、2、3来说明）：

- {123}、{123}、{123}；
- {123}、{123}、{12}；
- {123}、{12}、{13}；
- {12}、{13}、{23}。

这些组合都是成立的，都能构成三链数结构，因为它们都满足数组的定义。并且，最后一种情况是三链数的最简形式。如果再简化，就可以直接得出所填数字了。

另外，如果数组涉及的单元格组同时都属于同一行、列、宫内，这样的数组将直接被称为死锁数组。这是因为它属于数组，但由于本质结构的特殊性，还能看成一种特殊的区块，使得删数成立。

4.3 四链数唯余法

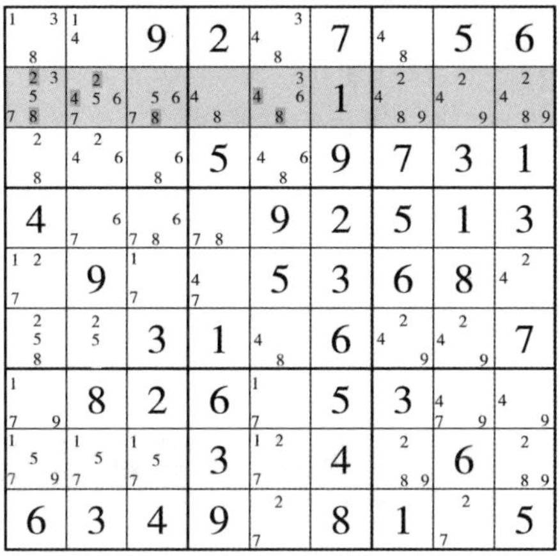

图4-4 盘面 19

如盘面19（图4-4）所示。在行B，B4、B7、B8和B9这4格内恰好只能填{2489}这4个数字。由于在同一个单元（此处是行B）内，刚好有4格能填入4个不同的数字{2489}，因此构成数组。由于这属于数组的n=4的情况，所以，它被称为四链数或四数组。

由于它们构成了四链数结构，所以应当删除行B内其余位置上面的2、4、8、9，即B1<>{28}、B2<>{24}、B3<>8、B5<>{48}。

另外，在盘面18中，有两个地方也能构成四链数结构，在列9内，但删数是一致的。此处将不另列出，请自行观察。（提示：请先观察区块，因为它本身是没有删除的。）

唯余法的所有四种情况就全部讲完了。利用数组的知识，我们可以灵活解题了。注意，四链数结构的一些情况如下（以数字1、2、3、4来说明，列举可能不完全，最后一种情况为其最简形式，再简化就可以出数了）：

- {1234}，{1234}，{1234}，{1234}；
- {1234}，{1234}，{1234}，{123}；
- {1234}，{1234}，{123}，{124}；
- {1234}，{123}，{124}，{134}；
- {1234}，{123}，{124}，{13}；
- {1234}，{123}，{12}，{14}；
- {1234}，{12}，{13}，{14}；
- {234}，{134}，{124}，{123}；
- {234}，{134}，{124}，{13}；
- {234}，{134}，{12}，{13}；
- {234}，{12}，{13}，{14}；
- {12}，{23}，{34}，{14}。

4.4 技巧难度总结

技巧名称	技巧难度	罕见程度	观察难度	综合难度
数对唯余法	★★★☆☆☆ ☆☆☆☆☆☆	★★☆☆☆☆ ☆☆☆☆☆☆	★★☆☆☆☆ ☆☆☆☆☆☆	★★☆☆☆☆ ☆☆☆☆☆☆
三链数唯余法	★★★★☆☆ ☆☆☆☆☆☆	★★★☆☆☆ ☆☆☆☆☆☆	★★★☆☆☆ ☆☆☆☆☆☆	★★★☆☆☆ ☆☆☆☆☆☆
四链数唯余法	★★★★★☆ ☆☆☆☆☆☆	★★★★★★ ☆☆☆☆☆☆	★★★★☆☆ ☆☆☆☆☆☆	★★★★★☆ ☆☆☆☆☆☆

CHAPTER 5

第5章
数组（二）—— 数组占位法

在数组中，除了我们前面讲的唯余法，当然也有另外的使用方法，例如下面这些数组使用方法。

5.1 数对占位法

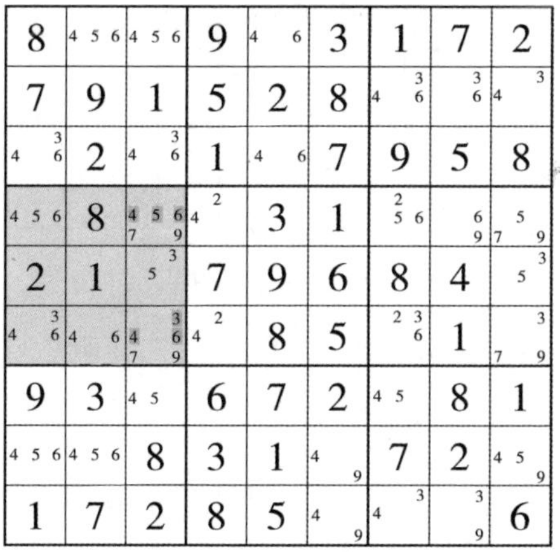

图5-1 盘面 20

如盘面20（图5-1）所示，此时，我们发现，在宫4中，数字7和9可以出现的位置只剩下D3和F3。摒除后发现宫4内刚好只有两个单元格可以填入7和9这两个数字。这刚好满足数对的定义，所以这个格子内的其余填数情况将全部排除。因此，我们可以得到：D3<>{456}、F3<>{346}，即D3={79}， F3={79}。

很显然，{79}数对将D3和F3的其他情况全“排挤”开了，因此，这种解法就被称为“数对的‘占位’法”。这里的“占位”形象地诠释了排挤的意思，这就是数对占位法。同样，有数对占位法，当然就有三链数和四链数的对应占位法。

5.2 三链数占位法

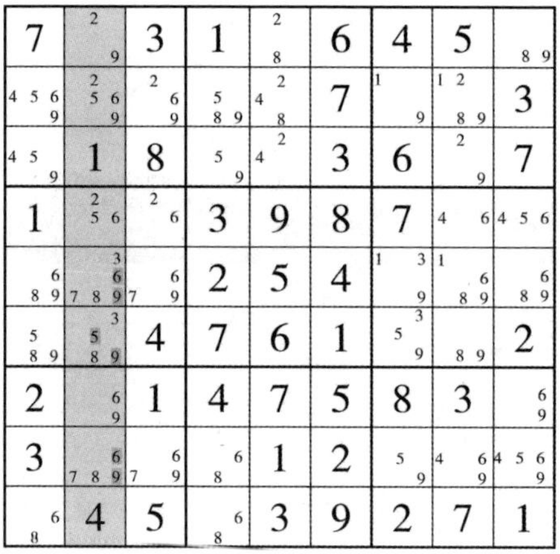

图5-2 盘面21

如盘面21（图5-2）所示。能够观察到，在列2，数字3、7和8只能出现在E2、F2和H2。此时观察到，在同一列内只有3个格子可以填入这3种不同的数字，这依然满足数组的定义，它们可以构成三链数结构。因此，E2、F2和H2这3格内的其他填数情况将被全部删除。因此，E2<>{69}、F2<>{59}、H2<>{69}。

快速观察到数组占位法的最简单方式是观察提示数。例如：在此题中，我们能够观察到的就是列2里面，宫1内的提示数3、7和8会排除掉A2和B2的候选数{378}；而D2（3， 7， 8）被D4（3）、D6（8）以及D7（7）排除了；而

G2（3， 7， 8）也被G8（3）、G5（7）和G7（8）排除了。这个时候，3、7、8这3个数字就只剩下E2、F2和H2这3个位置可以填了。因此这满足三链数结构，当然这个三链数结构内部的其他数字就能删掉了。

又如盘面20，宫4内的D3和F3是我们最终可以得到结论的单元格，因为宫4内的其余单元格并不可能含有数字7和9，它们都被其周围的提示数以及填入的7和9排除掉了。

5.3 四链数占位法

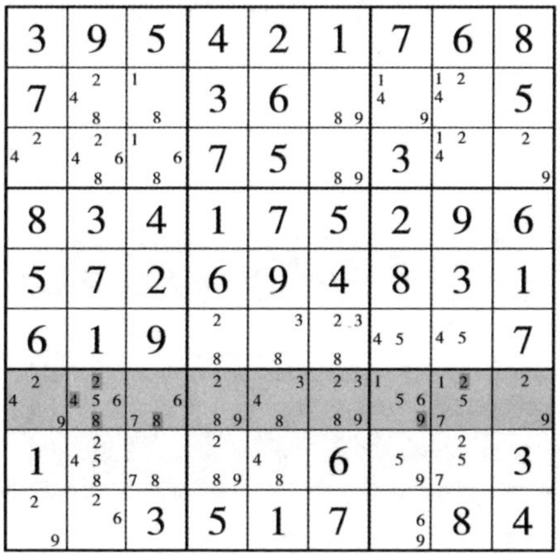

图5-3 盘面 22

如盘面22（图5–3）所示，行G暂时没有填入一个数字。此时观察到，G1的候选数{1567}会被列1的B1（7）、E1（5）、F1（6）、H1（1）摒除；而G4、G5、G6这3格会被列4、5、6里面的提示数1、5、6、7摒除；另外列9的1、5、6、7也会摒除掉G9的{1567}。此时行G就只有4个单元格可以填入1、5、6、7了（分别是G2、G3、G7和G8）。所以G2、G3、G7和G8内的其余填数情况均可被删除，即G2、G3、G7、G8的候选数都为{1567}。

这个就是四链数占位法。

至此，数组的内容就结束了。但是您需要注意以下内容：

$4<n<9$的数组（如五链数、六链数等）也是同样存在的。但是，根据简单的知识，就可以证明得到一个结论：显性数组的存在必然会导致隐性数组的出现，两者是互补的。这里就不再证明了，只需要记住即可。

举个例子，假如在行E中，有一个四链数唯余法，那么不难发现，就这一行而言，它就可以被一个三链数占位法完全代替。所以$4<n<9$的数组一般都只是理论上存在而实际上并不存在的。一般来说，本书里面不强调互补关系的时候，称为唯余法和占位法方便理解；而涉及两种数组的对比时，会使用显隐性数组的说法，这样方便区分。

5.4　技巧难度总结

技巧名称	技巧难度	罕见程度	观察难度	综合难度
数对占位法	★★★★☆☆ ☆☆☆☆☆☆	★★★☆☆☆ ☆☆☆☆☆☆	★★★☆☆☆ ☆☆☆☆☆☆	★★★☆☆☆ ☆☆☆☆☆☆
三链数占位法	★★★★☆☆ ☆☆☆☆☆☆	★★★★☆☆ ☆☆☆☆☆☆	★★★★☆☆ ☆☆☆☆☆☆	★★★★☆☆ ☆☆☆☆☆☆
四链数占位法	★★★★★☆ ☆☆☆☆☆☆	★★★★★★ ★☆☆☆☆☆	★★★★☆☆ ☆☆☆☆☆☆	★★★★★★ ☆☆☆☆☆☆

第6章
鱼（一）——标准鱼

之前我们讲到了数对、三链数和四链数（数组）的占位法和唯余法（显性和隐性）的情况，但是候选数的技巧完全不止这些。接下来的技巧一定会让您大开眼界。它比起数组要有趣得多，因为它可以构成一种特殊的形状。

6.1 二链列 / 四角对角线法则

8	1 6	7	5	3	1 6	4	2	9
9	3	5	4	2	7	6	8	1
2	4	1 6	9	6 8	1 6 8	3	7	5
4	8	3	6	5	2	9	1	7
6	7	2	1	9	3	8	5	4
1 5	1 5	9	8	7	4	2	3	6
1 5	2	1 6	3	4	5 6 9	7	6 9	8
3	6 9	8	7	1	6 9	5	4	2
7	5 6 9	4	2	6 8	5 6 8 9	1	6 9	3

图6-1　盘面 23

如盘面23（图6-1）所示。当填到这里的时候，发现数对已经填不下去了。此时，我们可以观察到，在行A中，只有A2和A6可以填入6；而在行H中，只有在H2和H6可以填6，它们刚好构成一个矩形。可是这有什么用呢？

我们不妨假设一下（请在图上找到对应单元格，并进行推理）：

- 情况1：如果A2填6的话，那么A6和H2将不能填6，那么就只有H6填6了；
- 情况2：如果A6填6的话，那么A2和H6将不能填6，那么就只有H2填6了。

我们可以看到，情况1的假设是“A2=6”，结论是“H6=6”；而情况2的假设是“A6=6”，结论是“H2=6”。将这两种情况分别放到图上看，我们可以发现，无论是左上角（A2）和右下角（H6）填6，还是右上角（A6）和左下角（H6）填6，都会使得列2和列6出现一个6。所以列2和列6的其余位置，即非这个“矩形”的四个顶点外的其余单元格内，都将不再出现6的身影。因此，有C6、G6、I2、I6都不等于6。

把每一条假设的开头位置和结尾位置连接起来，会发现它组成了X的形状。这个解法的英文名由此得来——X-Wing。在英语中，wing是翅膀的意思。这个结构看上去就像一双展开的翅膀一样。它还有一个独特的名称——四角对角线法则。

有意思的是，这种方法还能够拓展到三阶的情况。这也就是为什么它还有一个名字，叫作二链列了。

在盘面23的二链列中，我们将产生二链列的单元（图中的行A和行H）叫作定义域，表示二链列被定义的位置；并将需要排除候选数的单元（图中的列2和列6）称为摒除域或删除域，表示用于排除或删除该候选数的位置。

这样的结构称为鱼或链列。为什么叫鱼呢？因为它的英文名使用的都是鱼的一系列名称。图中涉及假设的所有位置叫作鱼身，在鱼的变型中这一技巧会十分常用。

6.2 三链列 / 剑鱼

三链列比起二链列的情况会多一些，因为它需要更多的假设和推理，如盘面24（图6–2）所示：

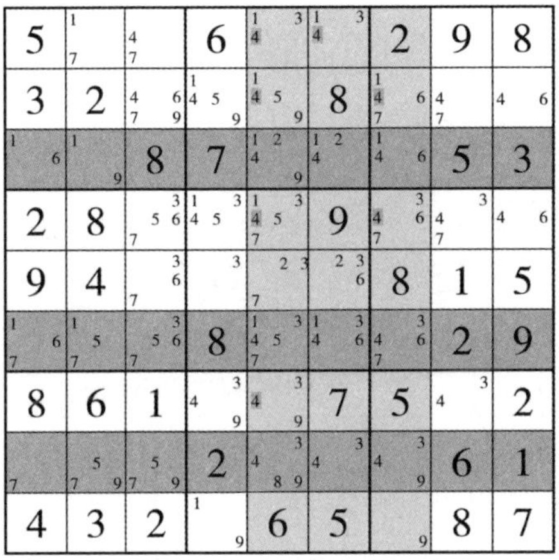

图6–2　盘面 24

此时我们观察到，在行C、行F和行H都有且仅有列标为5、6、7的单元格可以填4，所以，4在这3行里被控制在那9个单元格内。这时候就假设一下：

- 情况1：如果C5=4，则F5、H5、C6、C7都不等于4，解不出，就继续假设：

    A.如果F6=4，则F7、H6都不等于4，则H7=4；

    B.如果F7=4，则F6、H7都不等于4，则H6=4。

- 情况2：如果C6=4，则C5、C7、F6、H6都不等于4，解不出，就继续假设：

A.如果F5=4，则F7、H5都不等于4，则H7=4；

B.如果F7=4，则F5、H7都不等于4，则H5=4。

● 情况3：如果C7=4，则C5、C6、F7、H7都不等于4，解不出，就继续假设：

A.如果F5=4、则F6、H5都不等于4，则H6=4；

B.如果F6=4、则F5、H6都不等于4，则H5=4。

此时，我们发现，假设情况均列出了。由于第一次假设并不能完成推理，因此中途又进行了第二次假设，才完成了整个推理过程。对比这6种情况假设的开头以及结尾，可列出下表（表6-1）：

表6-1 三链列推理

第一次假设的单元格	第二次假设的单元格	得出结论的单元格
C5	F6	H7
	F7	H6
C6	F5	H7
	F7	H5
C7	F5	H6
	F6	H5

我们发现，无论是哪种情况的假设，始终都会使得列5、列6和列7上至少都有一个4。也因此，列5、列6、列7的其他位置上，候选数4将可以被安全地删掉，亦即图上的A5、A6、B5、B7、D5、D7、G5内的候选数4均将被删除。这就是三链列或剑鱼。注意，此题的三链列的定义域为行C、行F、行H，删除域为列5、列6和列7。

但是，图中有一个奇怪的地方。图上有一个宫摒除法的例子，由B6

（8）、G1（8）和I8（8）在宫8内摒除得到H5=8。填入了这个8之后，就会发现一大堆可由摒除法得到的填数，还有两个可以通过唯一余数法得到的填数，于是就一口气做到了这里，如盘面25（图6-3）所示：

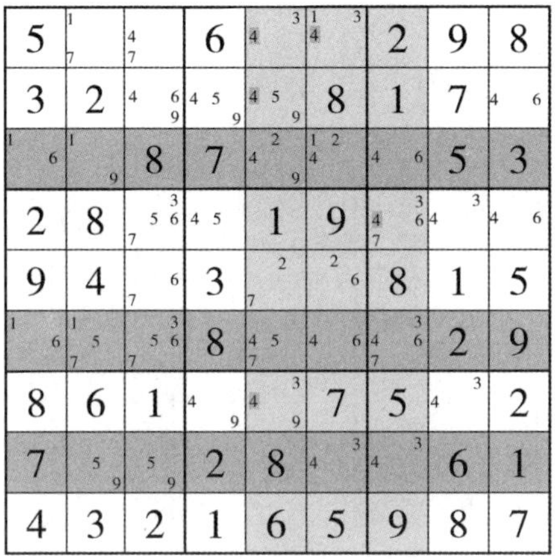

图6-3　盘面 25

原来的三链列残缺成了这样（缺了一个“角”），那么它是否还可用呢？答案是肯定的。这并不影响三链列的用法。需要做出的假设会变少，但是仍能推理，并且把所有假设集合在一起，同样可以使得列5、列6、列7都至少有一个4出现。此处将不再列举其假设。这种情况被称为鱼的残缺。我们可以把它想象成一个“二维”的数组，填数情况已经列举到这样的3行、3列之中，相当于一个三链数涉及的3格内的填数情况，第1格是{123}，第2格是{123}，而第3格则是{12}。数组的要求是满足每一格不一致，所以只需要至少每格2个候选数，就可以构成数组了。

6.3 四链列 / 水母

盘面26（图6-4）的题目来源于Enjoy Sudoku数独论坛。它的定义域是列

2、列3、列7、列8，而删除域则是行A、行B、行D、行G。此处省略其假设情况，请自行推理（四链列的出现频率是极低的，很难碰到，所以我们不再详细讲解，依然利用刚才的假设法得到对应的结论，只不过可能会分3次假设，比较困难）。四链列和三链列的推理方式大同小异。这个就是四链列或水母。此处结论应为：行A、行B、行D、行G中剩余单元格内将删除候选数9。

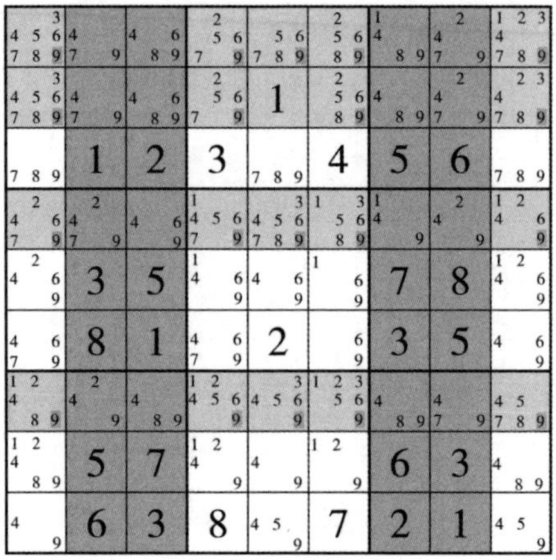

图6-4 盘面 26

但是，四链列也同样具有部分单元格残缺的情况，一般来说，残缺的更为常见。如盘面27（图6-5）的这个残缺四链列结构：

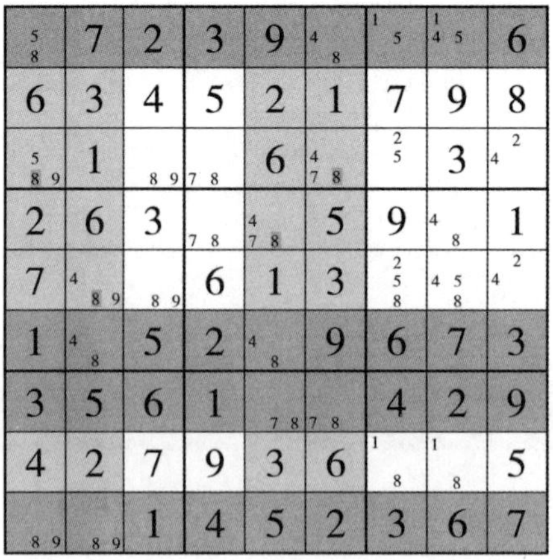

图6-5 盘面 27

此处，四链列所涉及的单元格只有8格，但是仍然可以进行推理。不过，它只有两种情况了。

如果A1=8，则I1<>8，则I2=8，F2<>8，则F5=8，G5<>8，则G6=8，A6<>8；反过来也就得到了I1、F2、G5、A6都为8了。但无论是哪种情况，列1、列2、列5、列6内都不得在其余单元格内出现8。因此删掉它们。

高阶链列（高阶鱼）是当阶数大于4后的情况。这样的技巧也同样存在，但是和n>4的数组一样，只存在于理论之上。这是因为高阶链列会被与其垂直的鱼完全替换，原鱼和可用于替换的鱼的阶数和盘面尺寸有关，最高的是阶数与9互补的情况。

根据上述文字可列出下表（表6–2），从中就可了解到高阶链列的一些详细情况了：

表6–2　高阶链列与鱼的相互替代

高阶链列	最高的可完全替代高阶链列的鱼
五链列	四链列
六链列	三链列
七链列	二链列
八链列	排除法

从上表中我们也能够看出，为什么不存在八链列的说法。

下面的盘面28（图6–6）将展示五链列的其中一个例子。数字1加叉号为被删除情况，数字1加圆圈为五链列，它也属于残缺的情况。不过，它可以转化成一个关于候选数1的三链列。

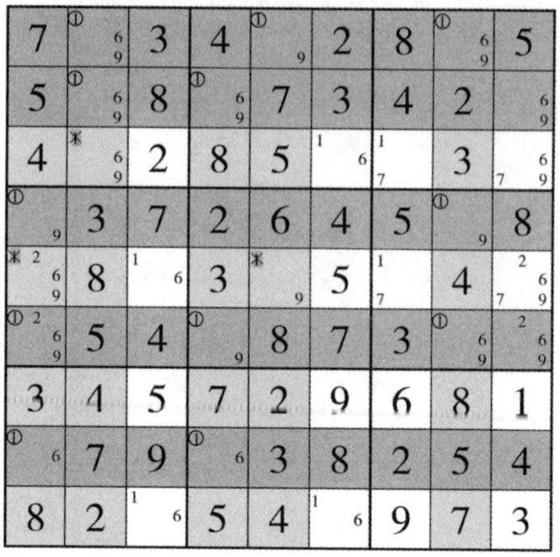

图6-6　盘面 28

6.4　级联区块

如盘面29（图6-7）所示，这是一个二链列，虽然其中的两行被“绑”在了一起，但仍然可以看成一个定义域为行B、行G的二链列。

其中的“*”符号表示删数情况，“/”符号表示不含有某个候选数，而“*x*”符号表示含有某个候选数。

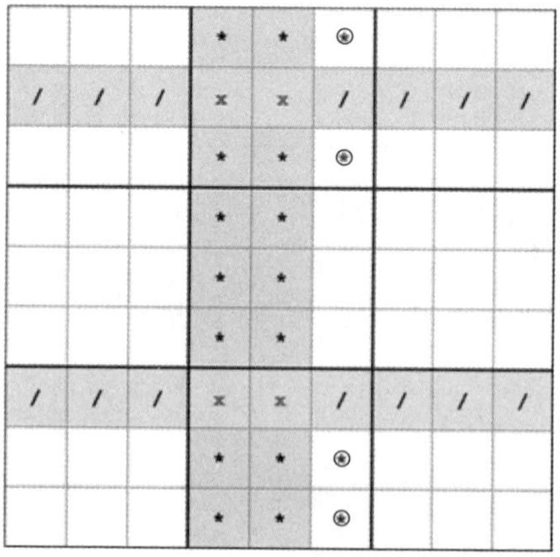

图6-7　盘面 29

此时我们发现，该结构可以删除掉宫内的一部分位置。

我们发现，假设过程中，B4、B5、G4、G5这4格必然有1格会填入候选数*x*，无论是哪个位置，都会导致这个宫内的其余位置不能填此候选数，故这个宫内其余格上的候选数*x*仍然要被删除掉。所以，盘面中圆圈内的星号也能够被删除。

这个思想有些类似于区块摒除法。无论哪格填，都会删掉共同对应的其他位置。

这条鱼本可以直接删掉删除域位置的该候选数，但由于多出了由B4、B5、G4、G5这4格构成的两个特殊的区块，由此也可以得到删数效果，我们称其为层叠区块摒除法或级联区块摒除法，有时简称为区块摒除法。而类似这种说法，由某种技巧可以“绑定”区块摒除法且也可以进行删数的，就直接称为层叠或级联现象。

另外，一般的二链列都是4个顶点分属4个宫内的，当同侧顶点在同一个宫内时，这样的情况也是层叠现象，所以最简单的级联区块摒除法也就是这样的二链列了。即，结构如果存在于B4、B6、G4、G6这4格内，依然称为级联。

6.5 技巧难度总结

技巧名称	技巧难度	罕见程度	观察难度	综合难度
二链列	★★★☆☆☆ ☆☆☆☆☆☆	★★☆☆☆☆ ☆☆☆☆☆☆	★★★☆☆☆ ☆☆☆☆☆☆	★★★☆☆☆ ☆☆☆☆☆☆
三链列	★★★★☆☆ ☆☆☆☆☆☆	★★★★☆☆ ☆☆☆☆☆☆	★★★★☆☆ ☆☆☆☆☆☆	★★★★☆☆ ☆☆☆☆☆☆

续表

技巧名称	技巧难度	罕见程度	观察难度	综合难度
四链列	★★★★★☆ ☆☆☆☆☆☆	★★★★★★ ★☆☆☆☆☆	★★★★★☆ ☆☆☆☆☆☆	★★★★★★ ☆☆☆☆☆☆
级联区块	★★★☆☆☆ ☆☆☆☆☆☆	★★★☆☆☆ ☆☆☆☆☆☆	★★★☆☆☆ ☆☆☆☆☆☆	★★★☆☆☆ ☆☆☆☆☆☆

数独技巧趣闻

鱼是一种神奇而又特别的数独技巧。它不仅本身很好玩，而且名字很有趣。

下面将它们的等效名称列举在下方（表6-3）。

表6-3　技巧的有趣名称

技巧名称	英文名	中文直译名称
二链列	X-Wing	X翼
三链列	Swordfish	剑鱼
四链列	Jellyfish	水母
五链列	Starfish	海星
六链列	Whale	鲸鱼
七链列	Leviathan	海怪

我们能看出，结构里面除了二链列外，都是海里的生物；而海怪则是一种神秘的不明生物。随着链列的规格变大，其名称所指代的生物的体积也越来越庞大。这也算是一个趣闻吧！

第7章
鱼（二）—— 外鳍变异鱼

鱼是一种很神奇的技巧，但是并不会频繁出现，有时还会多出来一点点，这也就产生了两种变异类型。

7.1 外鳍鱼

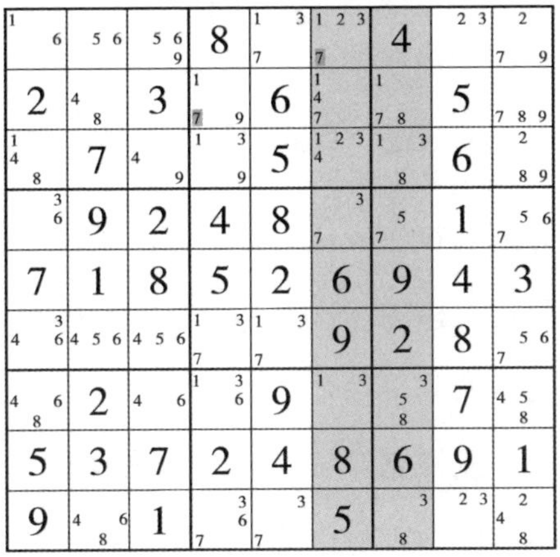

图7-1　盘面30

在盘面30（图7-1）中，我们发现有一个二链列，不过很怪异。

我们很容易地发现，这个二链列的定义域是列6和列7，很明显，删除域是行B和行D。可是不巧的是，这个关于数字7的二链列多出了一格，位于A6。于是尝试消除掉它。

如果A6（7）不存在的话，那么列6和列7就只有B6、B7、D6和D7这4格填入7了，很明显，这样肯定是构成二链列的，那么根据二链列的逻辑推理，删除域应为行B和行D；而如果A6（7）是存在的，那么这个7就会导致行A、列6和宫2内的其余单元格内都不能填入7。

但是列6和列7也就只有这5格可以填，别无其他情况。那么我们就知道，这两种情况必然有一种成立，因此删除掉这两种情况都能够删除掉的位置，我们发现，这两种情况都能删的位置只有B4和B5，而B5已经有数字了，那么只能是B4，因此B4<>7。

这种“差一点”的鱼被称为外鳍鱼，其中那个多出来的单元格被称为外鳍，一般简称为鳍。为什么要叫鳍呢？因为这个技巧本体是鱼结构，那么多出来的就理所当然地被翻译成了鳍。而定义域仍旧是指原定义鱼位置的区域，但删除域则会发生变化：因为现在多了一个鳍，将只能删除掉数个单元格，而不是一整个单元（行、列）了。这一点需要特别注意。

那么，鳍在哪里才能够算作外鳍鱼呢？鳍必须位于鱼的定义域内，且必须位于鱼某个顶点处的同一个宫内。这是为什么呢？因为，我们对标准二链列的推理方式就是选中定义域的其中一个，然后分情况讨论，最终能够得到相同的结论，从而得到删除域，删掉删除域内的单元格的数字。这里多了一个鳍，那么就假设鳍成立和鳍不成立，于是也就分成了两种情况。那么，鳍是否只能是一个呢？当然不是，如下面这个例子中，就有两个鳍。

盘面31（图7–2）就是两个鳍构成的二链列。要么二链列成立，要么旁边的两个鳍成立，虽然很明显，两个鳍不得同时成立，但是目前看来，至少得有一种情况成立。无论是它们中的哪一个，都会导致宫4和行F内的其余单元格都不能填入9了。而此时，行F已经没有可以删除9的位置了，因此只能去看宫4内的位置了。无论是二链列成立还是鳍成立，必然都会使得既在宫4、又在列1内的D1和E1删除掉9。即D1、E1都不等于9。但如果要拥有这样的推理，多个鳍必须位于同一宫内，否则它就不是外鳍鱼了。当然，三链列也同样存在外鳍鱼。

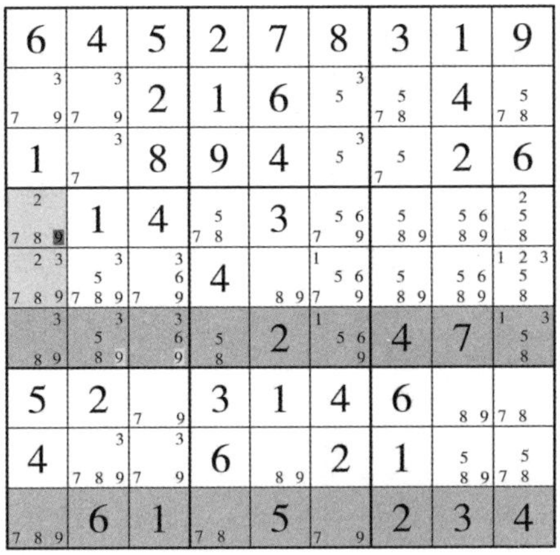

图7-2 盘面31

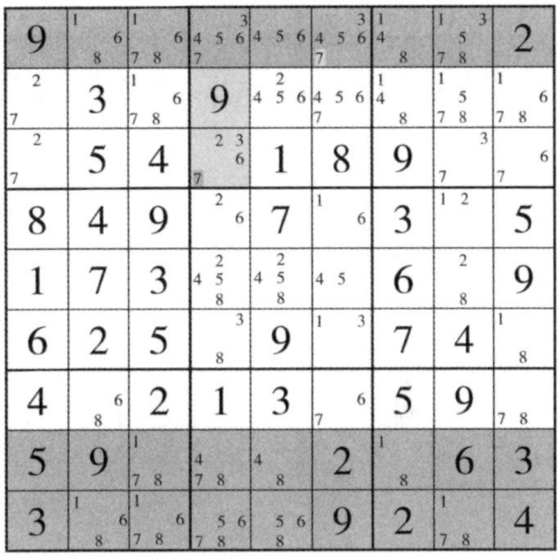

图7-3 盘面32

如盘面32（图7-3）所示。同理，分两种情况，要么是这个残缺的三链列成立，要么是鳍成立。因此删除掉两种情况中都能删除的部分，即C4（7）。

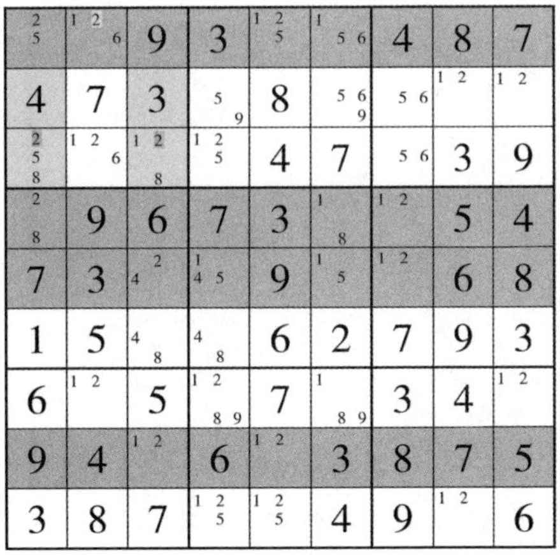

图7-4 盘面33

盘面33（图7-4）所示的为外鳍四链列。分两种情况，要么是残缺的四链列成立，要么是这个鳍成立。因此删除掉两种情况中都能删掉的部分，即C1

（2）和C3（2）。

这些就是外鳍鱼的所有情况了，那么，它还能简化吗？请看下一节。

7.2 外鳍退化鱼

上一节讲到了外鳍鱼，它还能不能再简化呢？当然是可以的。不过，这种鱼就更加奇怪了，而且长相千奇百怪。先来看一个“退化版”（图7–5）。

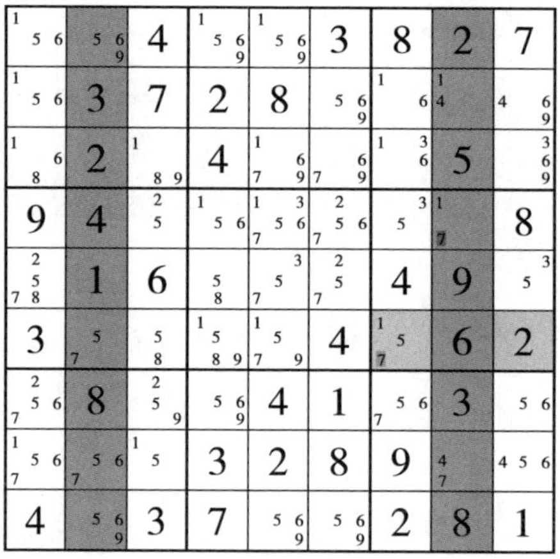

图7–5　盘面34

如盘面34所示。这里有一个类似于外鳍鱼的形状：定义域为列2和列8，鳍位于D8。但是又有点不一样的地方：在离鳍最近的二链列的那只“腿”不见了，不过这没关系。

根据外鳍鱼的推理方法，要么二链列成立，要么鳍成立。但是这个二链列缺了一只腿，此时我们回忆二链列的逻辑推理方法：这个二链列在没有缺腿的情况下，按照定义域可分别假设出两种不同的情况，最后得到填数情况。在这个二链列中，要么是左上（F2）和右下（H8）的两格填，要么是右上和左下（H2）的两格填。现在右上角缺了一只腿，后者就不成立了。那么，综合外鳍鱼的推理方法，要么鳍成立，要么二链列的其中一种情况成立，也就是左上和右下成立。现在我们就要考虑一下到底怎么推理了。

首先，思考一下位于二链列左下的单元格H2填入7。刚才说到要么是左上（F2）和右下（H8）的两格填，要么是鳍（D8）填。但是这都和H2没有关系。那么它能不能也删除掉呢？这显然是不可以的，因为它有可能单个成立，我们没有任何理由说明它一定是错误的。

二链列只能删掉删除域，也就是行F和行H的其余单元格的7；而鳍能够删除掉行D、列8和宫6内的7。但是不管是哪种情况，二链列始终都是成立的。因此删除域就是F7和F9。F9已经有数字了，所以F7<>7。

这一解法称为外鳍退化鱼，英文名叫作Sashimi Fish，其中的Sashimi其实是一个日语词汇的罗马音，它的原意是“生鱼片”。起名的具体原因尚不清楚。不过，退化结构一直存在争议。因为如果结构本身不含有鳍的话，它是无意义的。这一点也可以在盘面之中看到。

这种鱼由两部分构成，一部分是外鳍，而另一部分则是退化后的鱼。退化鱼不能单独使用，因为无法单独根据它正常地完成推理。缺少了一只腿使得原来的缺腿和其对角位置上的另外一个不能组成一对，毕竟其中的一格已经不存在了，所以必须和鳍一起进行推理才能得到结论。

现在我们来总结一下这种鱼的推理思路：假设鳍成立和不成立，就分成了两种情况，这两种情况会同时导致鳍所在的宫和鱼的删除域共同对应的位置[1]不能填，因此删掉它们。而之前提到的“残缺鱼”依然是可以推理的，请注意

[1] 共同对应的位置在这里是指与鳍所在的宫和鱼的删除域重叠的单元格处于同一单元（如宫、行、列）的其余单元格。——编辑注

“残缺”和“退化”这两个词语的区分。

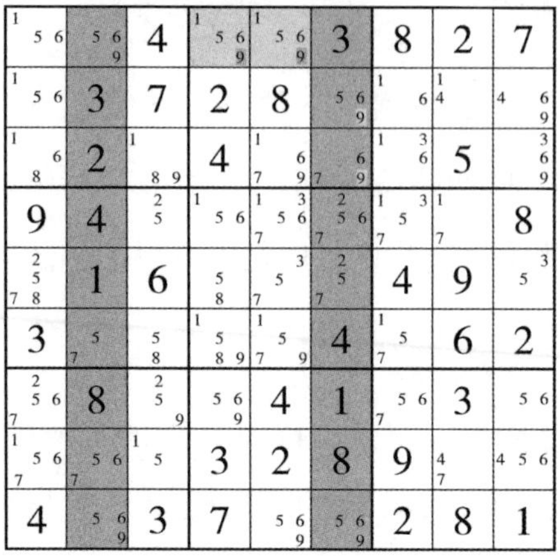

图7-6　盘面35

这种外鳍退化鱼是最为标准的形式，当然，它也有其他的变异情况。

如盘面35（图7-6）所示，这是盘面34中的另外一个外鳍退化鱼，是由两个鱼鳍构成的外鳍退化鱼。这种情况同样只能删A4（9）、A5（9）。我们按照外鳍退化鱼的思路，要么鳍和左下角（I2）（填入9）成立，要么A2（9）、I6（9）成立。二链列中，就只剩下“仅I2（9）成立”和“A2和I6（填入9）成

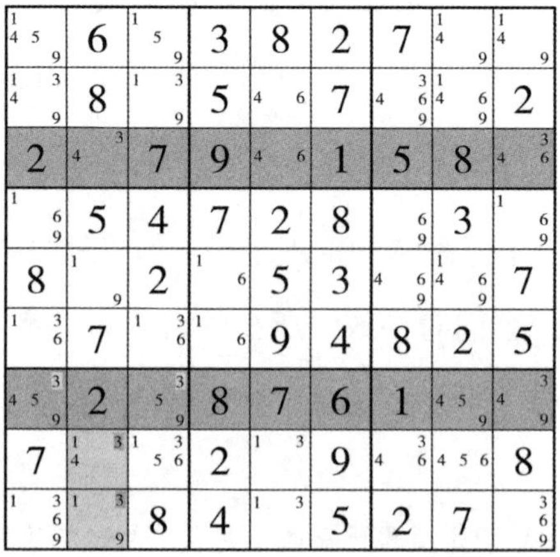

图7-7　盘面36

立”这两种情况了。这样的二链列也是成立的，所以删除的是二链列原来的删除域，即行A和行I。但是那两个鳍使得最终的删除域变成了A4和A5，因此，A4、A5都不等于9。

盘面36（图7–7）又是一种鱼变型，与刚才的推理方式相同，不过鳍并不是连在一起的。大家可以自行推理，同样是可以得到结论的。

了解到上述思路后，接下来看外鳍退化三链列。

如盘面37（图7–8）所示。原本是一个最简的三链列，定义域为列2、列5和列8，然而不巧的是，构成三链列的必要单元格之一（A2）缺失了。这样，三链列就退化了。假设鳍成立，行B、列2和宫1内的其他单元格内必然不填数字5；如果鳍不成立，对于这个退化三链列来说，I2一定为5，E5一定为5，A8一定为5。于是，就有两种情况：要么B2=5，要么I2、E5、A8都为5。无论如何，都会导致宫1和行A的公共部分不能填入5。因此，A1、A3都不等于5。

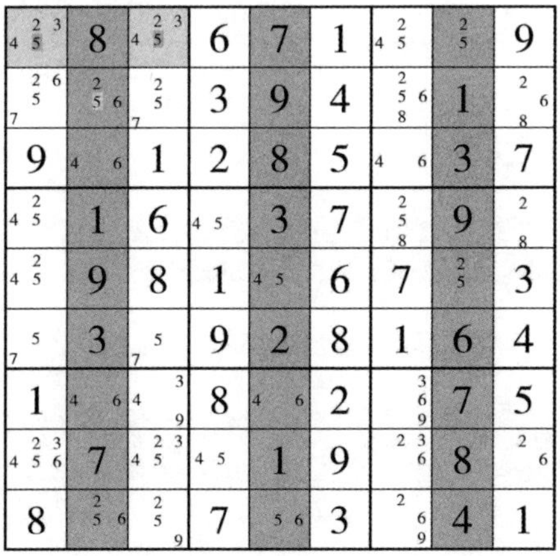

图7–8　盘面37

但是，这个题目还可以删除掉B7（5）（盘面上未给出标注）。那么，这又是怎么回事呢？

我们不妨切换一下思维，将A8（5）看成鳍，而将B2（5）看作退化三链列的一部分。推理过程同刚才的盘面36。不过由于鳍的位置切换到了宫3，所以三链列变成了宫3和行B的公共部分，B7和B9就不能填5。由于B9本来就没有候选数5，所以只有B7<>5。

当然，也存在四阶的情况，此处将给出一个例子，如盘面38（图7–9）所示。推理不再展示，请您自己试试。

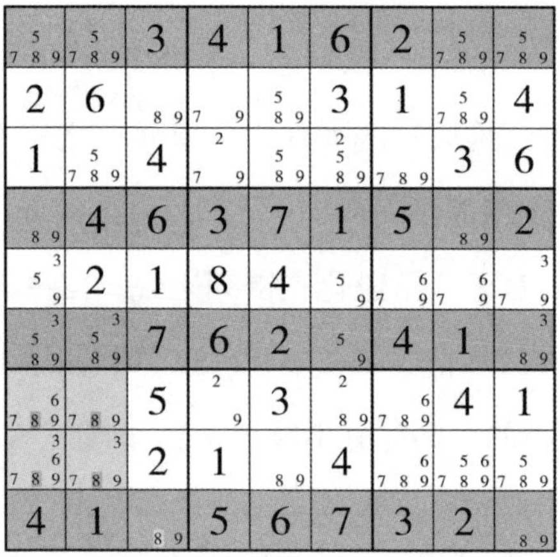

图7–9　盘面 38

7.3　技巧难度总结

技巧名称	技巧难度	罕见程度	观察难度	综合难度
外鳍二链列	★★★☆☆☆ ☆☆☆☆☆☆	★★☆☆☆☆ ☆☆☆☆☆☆	★★★☆☆☆ ☆☆☆☆☆☆	★★★☆☆☆ ☆☆☆☆☆☆
外鳍三链列	★★★★☆☆ ☆☆☆☆☆☆	★★★★☆☆ ☆☆☆☆☆☆	★★★★☆☆ ☆☆☆☆☆☆	★★★★☆☆ ☆☆☆☆☆☆

续表

技巧名称	技巧难度	罕见程度	观察难度	综合难度
外鳍四链列	★★★★★☆ ☆☆☆☆☆☆	★★★★★★ ☆☆☆☆☆☆	★★★★★☆ ☆☆☆☆☆☆	★★★★★☆ ☆☆☆☆☆☆
外鳍退化 二链列	★★★★☆☆ ☆☆☆☆☆☆	★★☆☆☆☆ ☆☆☆☆☆☆	★★★☆☆☆ ☆☆☆☆☆☆	★★★☆☆☆ ☆☆☆☆☆☆
外鳍退化 三链列	★★★★★☆ ☆☆☆☆☆☆	★★★★☆☆ ☆☆☆☆☆☆	★★★★☆☆ ☆☆☆☆☆☆	★★★★☆☆ ☆☆☆☆☆☆
外鳍退化 四链列	★★★★★★ ☆☆☆☆☆☆	★★★★★★ ☆☆☆☆☆☆	★★★★★☆ ☆☆☆☆☆☆	★★★★★☆ ☆☆☆☆☆☆

CHAPTER 8

第8章
分支匹配法/规则匹配法

之前两章，我们讲完了神奇的鱼和它们的带鳍变形，它可以根据其奇怪又迷人的形状进行删数，但是很多时候并不能找到这样的形状，因为它涉及的单元格比较多，规模较大。而接下来的方法将只涉及很少的单元格。

8.1 双分支匹配法

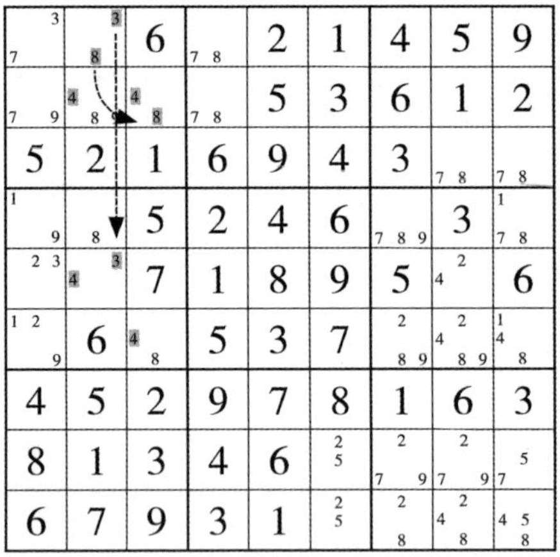

图8-1　盘面39

如盘面39（图8-1）所示，一路的摒除法让我们做到了这里。可是我们发现，做到这里的时候就做不动了，普通的数组和鱼已经无法解决问题了，这个时候，我们观察到，A2的候选数为{38}，B3的候选数为{48}，而E2的候选数为

{34}。由此，我们可以做出一系列的推理：

- 如果A2=3，则E2<>3，只得填4；
- 如果A2=8，则B3<>8，只得填4。

这个时候，我们发现，不管怎么样，要么E2=4，要么B3=4，反正这两个单元格内始终必有一格要填入4。也因此，它们两格共同对应的单元格将不得填入4。它们共同的单元格是B2和F3，所以B2、F3都不等于4。

这种方法被称为分支匹配法。由于只涉及两种不同情况，所以也被称为双分支匹配法。当做题的时候，发现有3格可以满足候选数为{ab}、{bc}、{ac}，并且有两组单元格同时在一个单元内的时候，我们就可以采用这个技巧进行删数了。

8.2 三分支匹配法

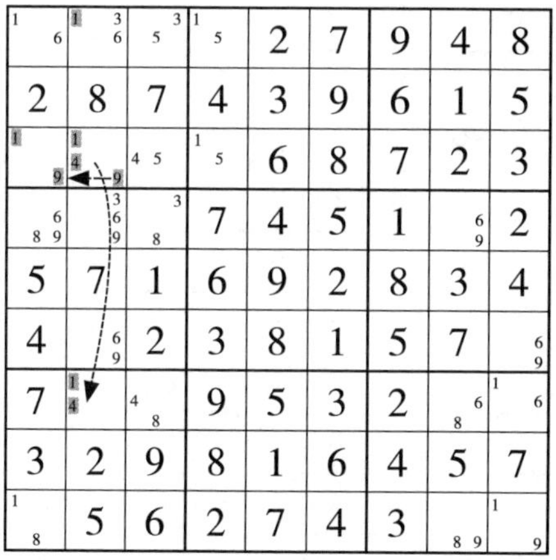

图8-2 盘面40

如盘面40（图8-2）所示，做到了这里，发现在C1的候选数是{19}，C2的候选数是{149}，G2的候选数是{14}。按照刚才的双分支匹配法的推理方式进行推理，此时将会有3种不同的情况：

- C2=1；
- C2=4，则G2<>4，则G2=1；
- C2=9，则C1<>9，则C1=1。

这时我们发现，不管怎么样，始终都将有一个单元格（C2、G2或者C1）会填入1。刚好，这3格都可以对应到单元格A2上，所以A2<>1。

这就是三分支匹配法。只是在双分支上多了一个没有太大影响的假设情况而已，但仅仅是这一点，就让我们的观察难度加大了不少。

8.3 四分支匹配法

8.3.1 标准形式

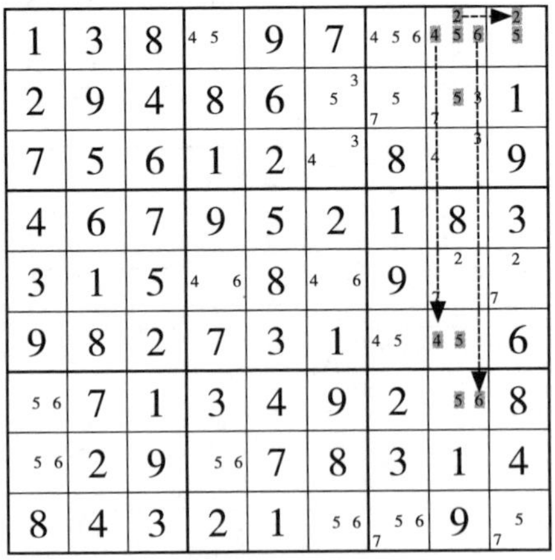

图8-3 盘面41

在盘面41（图8-3）中，我们发现了如下结构：A8={2456}，A9={25}，F8={45}，G8={56}。此时进行假设：

- A8=2，则A9<>2，则A9=5；
- A8=4，则F8<>4，则F8=5；
- A8=5；
- A8=6，则G8<>6，则G8=5。

无论怎么填，A8、A9、F8、G8这4格里始终有一个格子填5，刚好，这4格都与单元格B8处于同一个单元（宫、列）中，所以B8<>5。这就是不太常见的四分支匹配法。

这就是分支匹配法的三种结构。当然，还有五分支、六分支、七分支等7种分支匹配法。由于结构过于复杂，此处不一一列出，只需要类比前面三种情况，即可类比推理得到后面较复杂技巧的结论。

8.3.2 折点残缺

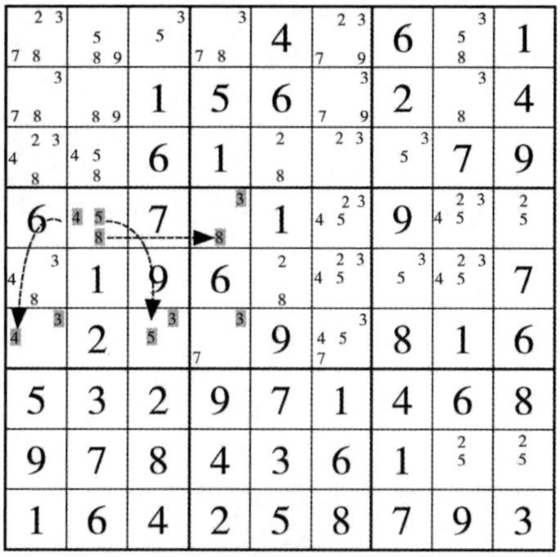

图8-4 盘面42

如盘面42（图8–4）所示。折点D2少了一种情况，但这并不妨碍推理。

我们有如下的推理情况：

● D2=4，则F1<>4，则F1=3；

● D2=5，则F3<>5，则F3=3；

● D2=8，则D4<>8，则D4=3。

无论怎么填，D4、F1、F3这3格里始终有一个格子填3，刚好，这3格都与单元格F4处于同一个单元（行、列）中，所以F4<>3。

8.4 技巧难度总结

技巧名称	技巧难度	罕见程度	观察难度	综合难度
双分支匹配法	★★★★☆☆ ☆☆☆☆☆☆	★★☆☆☆☆ ☆☆☆☆☆☆	★★★☆☆☆ ☆☆☆☆☆☆	★★★☆☆☆ ☆☆☆☆☆☆
三分支匹配法	★★★★☆☆ ☆☆☆☆☆☆	★★★☆☆☆ ☆☆☆☆☆☆	★★★☆☆☆ ☆☆☆☆☆☆	★★★☆☆☆ ☆☆☆☆☆☆
四分支匹配法	★★★★☆☆ ☆☆☆☆☆☆	★★★★★☆ ☆☆☆☆☆☆	★★★★☆☆ ☆☆☆☆☆☆	★★★★☆☆ ☆☆☆☆☆☆

数独技巧趣闻

这里讲一下关于这个技巧的名称的趣闻。

分支匹配法，它的名字在英文里面也是相当有趣的。外国人都喜欢把这些结构用未知数x、y、z来代换，于是产生了XY-Wing（双分支匹配法）、XYZ-Wing（三分支匹配法）。字母不够用了的时候，就往名字前面加字母，便有了WXYZ-Wing（四分支匹配法）。实在不行，再在前面加字母，如VWXYZ-Wing（五分支匹配法）。

最有趣的是，这个结构最多可以达到九个分支，即九分支匹配法，那么英文名也就“生硬”地产生了——RSTUVWXYZ-Wing，是不是很可爱呢？

CHAPTER 9

第9章 致命结构的定义和基本用法

前面我们讲到了分支匹配法，并分为了多种情况，而且它们推理的末尾都只涉及两个候选数的单元格。接下来的这个技巧也只涉及有两个相同候选数的单元格（可以删数的单元格除外），但是这种技巧非常有趣，因为它依靠的定理并不是一般意义上的假设的推理办法，而是最初提到的唯一解定理。这个定理似乎并不神奇，但是当在这个技巧中使用它时，神奇的地方就会体现出来。需要我们注意的是，如果仅仅是由于使用了该技巧而导致题目做错的话，那么这个题本身就是存在问题的。

9.1 对于唯一矩形的特殊类型标号的解释说明

唯一矩形（UR）按国际分类法分为6种类型，而在中国大陆地区分为4大类。为避免在讲述中由于标号的差异给您造成误解，请先阅读本节对于唯一矩形类型名称标号规则的介绍。

下面来看看这个表格（表9–1）。

表9–1 唯一矩形的类型标号和名称

唯一矩形名称	类型标号（中国大陆）	类型标号（国际）
标准型	类型1	类型1

续表

唯一矩形名称	类型标号（中国大陆）	类型标号（国际）
同侧待定数型	类型2A	类型2
对角待定数型	类型2B	类型5
显性待定数组型/待定数组唯余型	类型3A	类型3
隐性待定数组型/待定数组占位型	类型3B	
同侧强数型	类型4A	类型4
平行强数型	类型4B	类型6
正交强数型	类型4C	隐性唯一矩形（不属于UR的类型）

请注意中国大陆地区与国际上所用标号的区别，以免混淆。

另外，特别强调的是，千万不能死记硬背结构，它们只是为我们提供了很好的解题思路，而并不是说结构一定就是长这样的。后续的内容将会把这样的致命结构变化得更加灵活，如果学得非常死板，会导致做题时思想僵硬，不能灵活处理各种难度的数独题目。

9.2 唯一矩形

致命结构是我们经常讨论的问题，现在来看看到底怎么理解它。

9.2.1 标准型

如盘面43（图9–1）所示，当做到这里的时候我们发现，行G和行I存在4个单元格，可以构成一个奇怪的“长方形”结构：G4、G7、I4和I7。其中只有I4这一个单元格有不止两个候选数{239}，而其他格均只有两个候选数{23}。

7	2	1 6	1 3	4	3 6	8	9	5
8	4	1 5	1 5 9	1 7	7 9	6	2	3
9	3	5 6	5 8	2	6 8	4	7	1
2	7	8	6	9	5	1	3	4
6	9	4	7	3	1	5	8	2
5	1	3	4	8	2	7	6	9
1	8	9	2 3	6	4	2 3	5	7
3	5	2	1 8	1 7	7 8	9	4	6
4	6	7	2 3 9	5	3 9	2 3	1	8

图9–1　盘面43

我们就拿这个唯一的有不止两个候选数的单元格作为开头，进行如下推理：

- 如果I4=2，则G4=3，I7=3，G7=2；
- 如果I4=3，则G4=2，I7=2，G7=3；
- 如果I4=9，则不能确定接下来的步骤。

我们发现，前面两种推理情况都是可行的，而且两者都不存在任何错误，只有第3种情况无法进行后续推理。

这个时候我们注意到，按照第1种情况，填入的4个数字为“2–3–2–3”的形式；第2种情况填入的数字则是“3–2–3–2”的形式，分别如盘面44（图9–2）和盘面 45（图9–3）所示。

两种推理情况都是对的，从表面看并没有什么地方错误。而且它们和这个“长方形”外部其他的任意单元格都没有关系。这是什么意思呢？

这就是说，无论是盘面44的填法还是盘面45的填法，剩余的盘面都是完全一致的；无论是候选数、提示数还是自己填入的数字，全部都是一致的。但是每一

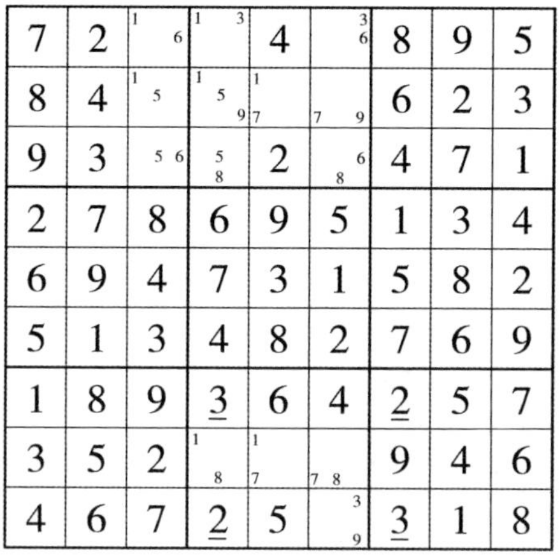

图9-2　盘面44

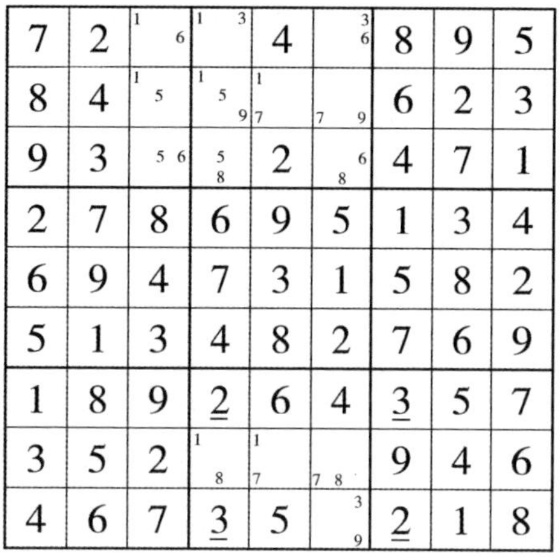

图9-3　盘面45

个标准数独盘面都有且仅有一个正确答案。就这4个可以互换的单元格来说，看似会得到两个不一致的答案，然而现在两种填法却得到了同一种结果，所以这两种情况都可以直接判断为是不正确的，那么原假设必然错误，因此I4<>{23}。

上述解法被称为唯一矩形删减法，简称唯一矩形。其中，“唯一”一词就表示只有一种情况是正确的，并且相关单元格构成的形状就是一个矩形。

另外，在刚才的推理中，当盘面出现多解或者无解的情况时，我们将其称作致命形式，意味着我们的推理出现错误。

在使用该技巧的过程中，我们应该注意的是，唯一矩形的任意一个顶点都不得分属于4个宫内。根据唯一矩形的性质，若分属4个宫的话，将无法得到删数的结论。这是为什么呢?

如果顶点分属于4个宫，那么你会发现，在行列角度可以满足“对外界不产生任何影响”，但是在宫的角度是会导致候选数的变化的，也就是不一致。所以说，这样并不能叫作“对外界不产生任何影响”。我们来看一个例子，就知道这句话是不是对的了。

如盘面46（图9-4）所示，我们很容易地观察到，这4格构成了一个类似于UR的致命结构。如果按照UR的结构说明它的话，显然它可能就是一个多解题了。但是这的的确确是一个唯一解的盘面，它可能需要后续的技巧才能进行解题。

6	(37)	1	4	2	5	(37)	9	8
8	(27)	5	3	1	9	(267)	4	(267)
(23)	4	9	7	8	6	1	5	(23)
9	8	(37)	1	5	2	(367)	(36)	4
5	6	4	8	9	(37)	(237)	(123)	(1237)
1	(237)	(237)	6	4	(37)	9	8	5
(23)	1	8	9	6	4	5	7	(23)
4	5	(36)	2	7	1	8	(36)	9
7	9	(26)	5	3	8	4	(126)	(126)

图9-4　盘面46

很明显，此题的灰色填数格部分共有两种填法，如盘面47（图9-5）和盘面48（图9-6）所示。

6	(37)	1	4	2	5	(7)	9	8
8	(7)	5	3	1	9	(267)	4	(67)
2	4	9	7	8	6	1	5	3
9	8	(37)	1	5	2	(367)	(36)	4
5	6	4	8	9	(37)	(237)	(123)	(17)
1	(237)	(237)	6	4	(37)	9	8	5
3	1	8	9	6	4	5	7	2
4	5	(6)	2	7	1	8	(36)	9
7	9	(26)	5	3	8	4	(16)	(16)

图9-5　盘面47

6	(7)	1	4	2	5	(37)	9	8
8	(27)	5	3	1	9	(67)	4	(67)
3	4	9	7	8	6	1	5	2
9	8	(37)	1	5	2	(367)	(36)	4
5	6	4	8	9	(37)	(237)	(123)	(17)
1	(237)	(237)	6	4	(37)	9	8	5
2	1	8	9	6	4	5	7	3
4	5	(36)	2	7	1	8	(6)	9
7	9	(6)	5	3	8	4	(126)	(16)

图9-6　盘面48

可是我们能够发现，在宫1、宫3、宫7、宫9内，均有完全不一致的候选数分布情况，说明这样的填数情况实际是对其他单元格产生了影响的。也就是说，这两种情况得出的结果根本就不一致，因此这样的结构就不是一个UR。

因此，矩形的4个顶点应该每两个在同一个宫内，也就是分属于两个宫。这一条件同样也适用于如下的唯一矩形的变型。

9.2.2 待定数型

待定数型UR是类似于标准型的技巧，但是有一点变形。

9.2.2.1 同侧待定数型

如盘面49（图9–7）所示，出现了类似于标准型的矩形结构，但是不同的是，有两个单元格内都是3个候选数，并且还都一样，是{359}。这两个单元格都位于同一宫内，即宫7。根据标准型的推理方式，我们可以得出，那个“额外的”候选数才是正确的，否则将不保证唯一解。

4	5	8	9	2	3	6	7	1
2	1	6	4	7	5	3 9	8	3 9
3 9	7	3 9	1	8	6	4	2	5
1 6	9	1 2	3	5	8	7	4	2 6
5 6	8	4 5	7	4 9	2	1	3 6 9	3 6 9
7	3	2 4	6	4 9	1	2 9	5	8
8	6	1 3 5 9	2 5	1 3	7	2 3 5 9	3 9	4
3 5 9	2	3 5 9	8	6	4	3 5 9	1	7
1 3 5	4	7	2 5	1 3	9	8	3 6	2 3 6

图9–7 盘面49

因为现在构成矩形的结构里面，有两个单元格是多一个候选数且一致的，我们任选一个单元格开始推理，最终还是可以得到3–9–3–9和9–3–9–3这样的结构的，根据类似于标准型UR案例中的推理，它一定是错的。而并不可能两个都填5，所以H1和H3两格必有一格一定会填入5。

所以无论如何，它们共同对应的单元格，即宫7内剩余的，以及行H剩余的单元格，均可以删除候选数5。因此有G3、H7、I1都不等于5。

这叫作同侧待定数型，一般简称为待定数型，后面还有一种类型是不在同侧的。

9.2.2.2 对角待定数型

对角待定数型是一种"诡异"的技巧，因为它并不能单独存在，只有在采用某个候选数技巧删掉了某个数字后，它才能真正出现。所以，它的出现频率也不高。

如盘面50（图9-8）所示，我们直接观察到，C1、C6、H6这3格构成双分支匹配法结构：若C6=1，则H6=4；若C6=5，则C1=4。无论如何，C1和H6中必然有一格填4，因此共同的对应单元格H1不能填4。

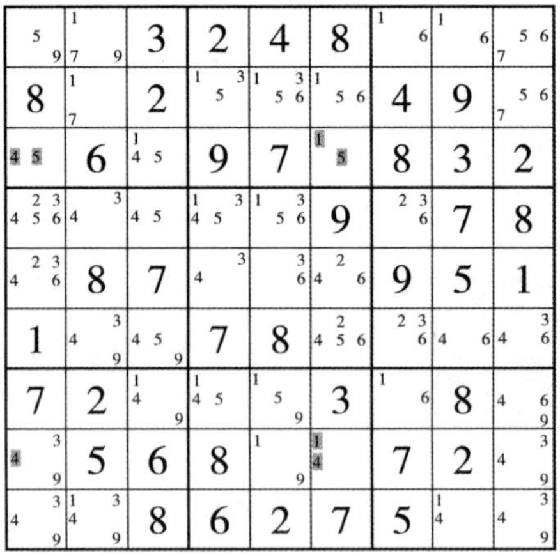

图9-8 盘面50

删掉了H1的候选数4后，我们发现，H1、H9、I1、I9这4格组成了一个“诡异”的矩形：有3个单元格都有额外的候选数4，而只有H1的候选数4被我们用双分支匹配法删掉了。如盘面51（图9–9）所示。

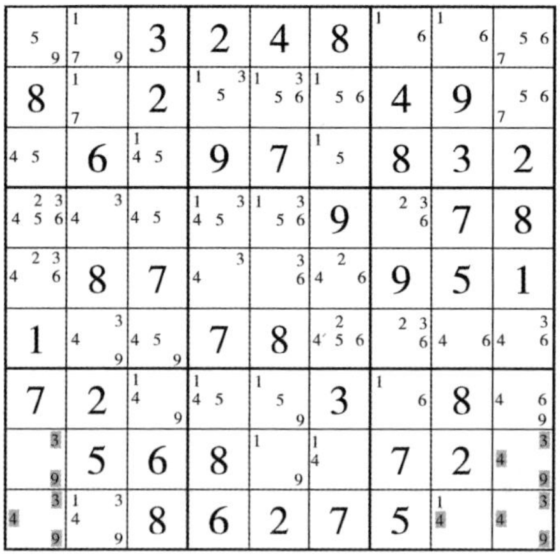

图9–9　盘面51

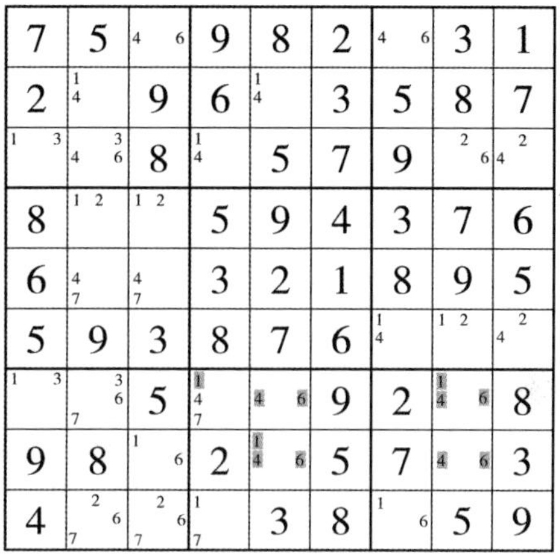

图9–10　盘面52

根据待定数型的推理办法，我们可以得到一个结论，即在矩形内部，存在额外候选数的单元格内，必有一格会填入这个额外的候选数。而对角待定数型却又多了一个顶点可以填额外的候选数。在待定数型中，只有其中两格有额外的候选数；因此根据上面的结论，可以得到，在H9、I1和I9中，必然有一个会填4，也因此，在这3格共同对应的单元格上，将不再出现候选数4的身影。此处指的应是I8，即I8<>4。

无论是技巧名称还是技巧的使用手段，对角待定数型和待定数型都有点类似，只是有额外提示数的顶点数从2变成了3。我们可以用很简单的证明手段得出，对角待定数型不能单独出现。因为3格都有额外候选数，是不可能直接得到这样的形状的。当然，与之异构（不同结构）的还有一种情况，如盘面52（图9–10）所示，这是Hodoku官方网站给定的例题库。

9.2.3 待定数组型

9.2.3.1 待定数组唯余型

UR待定数组型是唯一矩形删减法中最难掌握的解法，因为它需要配套之前讲解的数组相关技巧（数组唯余法和数组占位法）来使用。

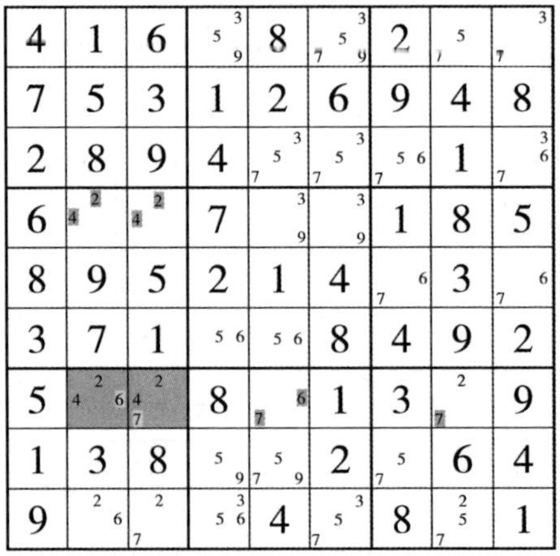

图9-11 盘面53

如盘面53（图9-11）所示，当填到这里的时候，我们发现，D2、D3、G2、G3组成了矩形结构，和待定数型一样，其中有两个单元格有不只两个的候选数，但是不同于待定数型的是，这两个单元格多出的候选数并不相同。一个是6，而另一个却是7。

此时我们发现，单元格G5刚好只存在候选数{67}。如果说G2<>6且G3<>7的话，就会出现致命形式，出现互换的看似双解的结构，因此此情况不成立；但是如果G2=6且G3=7的话，那么G5就会出现无法填数的情况，这也是错的。所以说，G2=6和G3=7里面有且只有一种情况是正确的，而另外一种必然是错误的。

G2=6和G3=7必有一个是正确的，那么和G5配套、组合在一起，将变成一个数对。这是因为它满足数组当n=2时的定义，即使它看起来有些奇怪——这个含有许多“不定”因素的数组的其中一格缺少一个数字。

但是不管怎么样，行G的其余单元格都不应该再出现候选数{67}了。因此，盘面中的G8<>7。

这种技巧用于配套数对的知识删候选数，它更像数对唯余法。当然，也会有数对占位法和三链数、四链数和UR进行配套的解法。不过，因为UR内部的数字填法不确定，因此暂时还只能叫待定数组的唯余法。

来看下面这个例子（图9–12）。

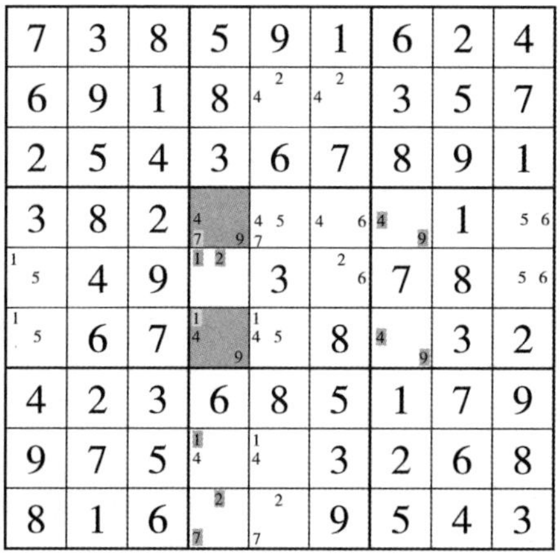

图9−12　盘面54

当填到这里的时候，我们发现，行D和行F的4个单元格（D4、D7、F4、F7）组成了一个类似于盘面53的待定数组型的结构：同样是其中两个单元格具有其他的候选数且不一致。但是需要引起注意的是，这次这两格共同所在的单元（列4）并没有像盘面53那样的、候选数为{17}的单元格了，因此无法构成数对的结构。

虽然我们已经知道这不是数对，但这个时候我们可以确定，如果D4=7和F4=1同时正确，就会导致E4和I4同时填2，这样很明显不满足数独的规则，所以是错的；但是很明显，它们也不能够同时错误，因为这将会导致这个矩形出现致命形式，这样也是错的。所以，我们只能认为，这两个条件里面只有一个是正确的，而另外一个必然是错的。这和我们待定数组型的假设推理是相似的。此时我们观察到结构里面虽然没有数对，但是列4有两个单元格，E4的候选数是{12}，I4的候选数是{27}。根据数组的定义，这样的结构刚好满足n=3的数组的情况，即三链数（或三数组）。这是三链数的其中一种形式。

根据三链数唯余法我们可以知道，由于这3格里面的候选数构成了三链数结构，那么列4的其余单元格内将可以删掉候选数{127}。因此，H4<>1。

这同样属于待定数组型，不过配套技巧名称变成了三链数唯余法。

对于四链数唯余法的唯一矩形待定数组型，我们将不再做出推理，因为出现频率比较低。下面给出一个例子（图9-13），请自行推理。

当然，UR的待定数组唯余型还可以配套n值更大的数组，但是根据显隐性互补定则，是同样不存在n值更大的数组的，此处也不详细介绍。

UR的待定数组唯余型已经讲完了，但是数组还有一种，是占位法。它和

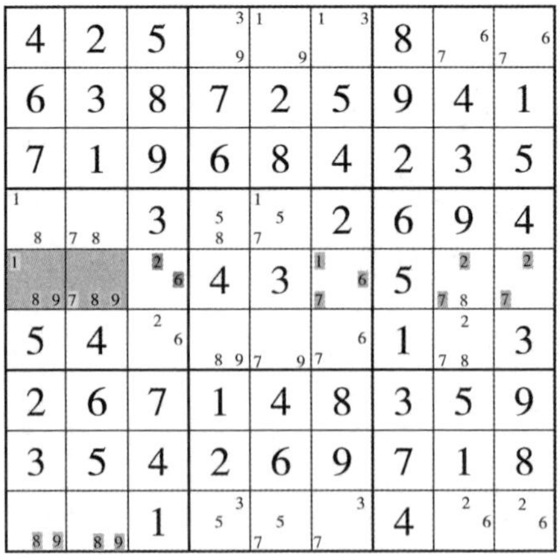

图9-13　盘面 55

UR又能够交织出怎样的效果呢？请参看下一节。

9.2.3.2 待定数组占位型

待定数组占位型比唯余型要稍微难理解一些，但是删数和推理过程也是相当精彩的。我们来看看。

如盘面56（图9–14）所示。当填到这里的时候，我们发现，这个跟待定数组唯余型有一点类似。我们就用刚才待定数组型的思路进行推理：如果“A7<>{48}”和“A8<>{48}”这两种情况同时正确，将会导致行A中候选数4没有位置可填；如果上述条件同时错误（即这两格都只填48），那么会导致这个矩形有两种填法，就变成了致命形式。所以仍然是其中一种条件成立。那么就出现了其中一个单元格的候选数为{48}的情况。再观察行A，能够填入{48}的就只能是行A的矩形部分（A7或A8），而旁边的A6候选数为{68}。无论A7和A8中哪格的候选数是{48}，这都不重要。因为它会和A6的候选数4组成数对结构，因为只有这两格才能填入{48}，刚好满足数对的定义。所以，A6的其他候选数应当被删除掉，即A6<>4。由于刚才的假设中，位于矩形区域里面的那2格（A7和A8）只有其中一格可以填{48}，并不能确定是哪一格，所以就它们本身而言，是不能删数字的。

看得出来，这个推理和之前的待定数组型有些相似，但是有一点不一样，之前的是可以直接看到数对，并且排除其他单元格；而此处，是采用了数对占位法的思想，发现{48}数对刚好只存在于两格中。虽然其中一格并不能确定真正的位置，但是我们也能推出结论。

下面再来看一个配套三链数占位法的题目（图9–15）。

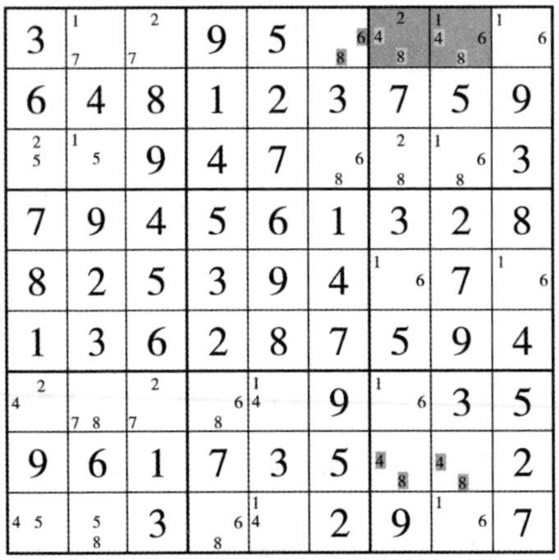

图9-14　盘面56

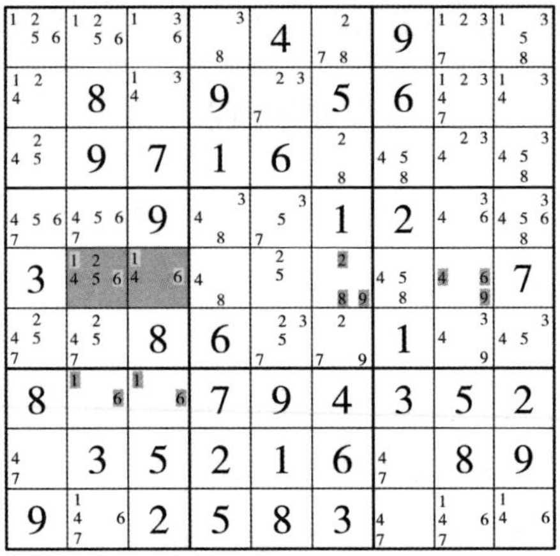

图9-15　盘面57

观察盘面57，我们发现，这和前面一题类似，也同样是其中两格有不止两个候选数。我们照样把E2和E3两格分为{16}和其他数字两类。如果E2、E3都填{16}的话，那么必定会产生致命形式；如果E2、E3都不填{16}的话，行E中就没有位置可以填1了。所以E2、E3中只有一格可以填{16}，另外那格就只能填其他数字了。

不管是哪一个格子可以填{16}，它始终都能和E6以及E8组成三链数{169}。因为就行E而言，E4、E5以及E7的候选数中的1、6、9都已经根据排除法删掉了。因此行E中就只有这3格可以填{169}，因此它们必然组成三链数结构。所以，可以删除掉格子上的其他候选数。由于E2和E3满足“只有其中一格‘填{16}’”，而这里并不确定是哪一格，因此它们本身来说并不能删数。

配套四链数占位法的题目比较罕见，使用次数也并不多，并且可以类比前两种占位法进行推理，故此处将不再重新推理，只给出一个例子（图9-16）。

如盘面58所示，按照最初的推理逻辑，我们可以得到G8和G9只能有其中一格是{67}。但是不管哪一格的候选数是{67}，都意味着这一单元格内的其余候选数都应该被去掉。那么，此时行G上就出现了涉及候选数4、6、7、8的四链数（四数组）占位的结构。因此，不管哪一个单元格成立，最终删除的数字都应该是G1、G2、G3这3个单元格内和候选数4、6、7、8无关的所有其他候选数了。

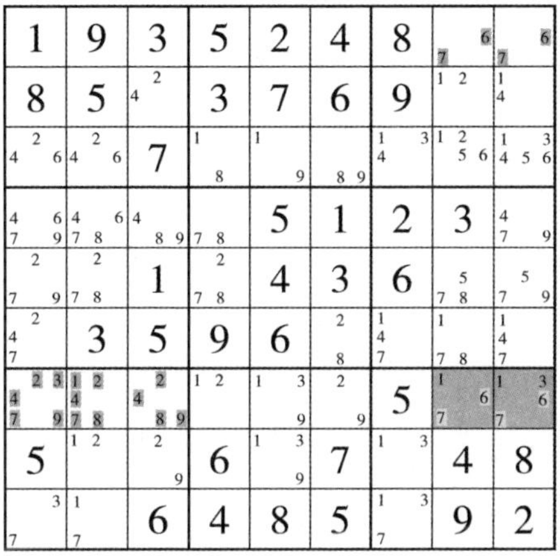

图9-16 盘面58

当然，我们也可以将这个案例看成是1、2、3、9的四链数唯余法，不过这可能会比较难观察一些。而且，虽然是待定的数组，但是最终其实仍然也会存在互补的状态。我们可以尝试在做题之中发现这一神奇的现象。

9.2.4 强数型

9.2.4.1 同侧强数型

UR同侧强数型是一种比待定数组型稍微简单一点，但不太容易观察的类型。

如盘面59（图9-17）所示，当做到这里的时候，我们发现，D1、D5、E1、E5处出现了一个奇怪的矩形：它不像前面的待定数组唯余型一样，虽然其中两个单元格有其他的候选数，但是我们并不能绑定占位法或唯余法来删掉任何数字，在这里，这种做法是行不通的。

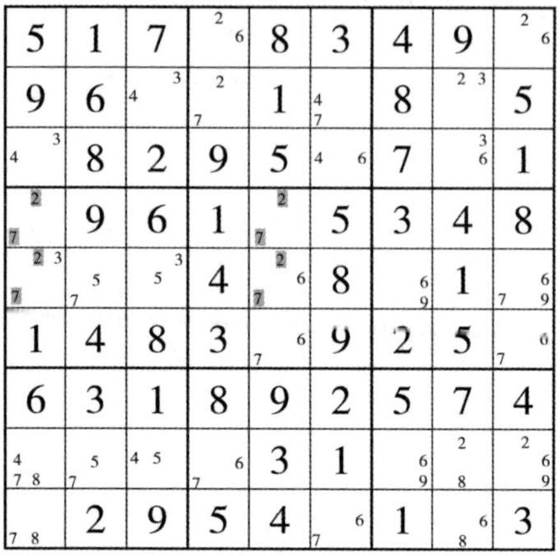

图9－17　盘面59

不妨找到有多余候选数的这两格来假设一下：我们首先观察到，在行E中，候选数2的位置已经锁定在这个UR的结构内了。那么，如果7存在于其中的话，不管存在于这两格中的哪一格，都将形成2和7的“数对”结构。当然，这个数对就不是候选数结构了。但是在这两格上面，却必然有数对{27}。一旦在E1和E5的其中任意一格填入一个7后，必然会出现2和7的致命结构，所以，7一定不能存在于这两格之中。因此，删除掉这两格中的候选数7。

这样，就利用了数字的“强关系”来进行推理。这两个2就像磁铁一般在一起，不能同时删掉，而7就是因为这样的关系最终被删除了。

这就被称为强数型。盘面59中还有另一个UR的强数型，请试着找一下，这里就不再给出提示了。另外，这种“强关系”称为共轭对，详细内容将在“链”一章讲到。

9.2.4.2　平行强数型（二链列型）

二链列型是唯一矩形的最后一种特征变型。

(16)	(17)	2	8	9	3	(67)	5	4
4	5	8	7	6	1	2	3	9
(69)	(37)	(39)	4	2	5	8	(67)	1
8	(23)	(349)	5	1	6	(49)	(29)	7
7	6	5	2	4	9	1	8	3
(19)	(12)	(49)	3	8	7	(469)	(269)	5
5	4	6	9	7	2	3	1	8
3	8	1	6	5	4	(79)	(79)	2
2	9	7	1	3	8	5	4	6

图9–18　盘面60

如盘面60（图9–18）所示，候选数4在UR所在的两行内（行D和行F）和二链列有着类似的情况：候选数4只能填入D3、D7、F3和F7这4格内。那么二链列的定义域应该就是行D和行F，删除域则是列3和列7。此题之中候选数4的结构非常特殊，所以不仅可以将行D和行F作为二链列的定义域，还能将列3和列7作为二链列的定义域，二者的效果是一样的。

我们选择行D和行F作为定义域来看，我们观察到，这个UR的右上和左下两个单元格的候选数都是{49}。首先我们知道的是，这个结构内，4是可以构成二链列形式的，那么很明显，二链列内肯定至少有两个位置是填4的，它们位于对角的两个单元格之中。这题也一样，候选数4的填数情况最终一定是位于对角的两个单元格之中的。但是，简单地推理就能发现，左上、右下这两格是肯定不填4的。因为这么填，D7和F3将填9。此时会构成4和9的致命形式，所以这样填是错误的。那么4就只能填在D7和F3上了。当然，删数也就直接得到了。

这种技巧称为二链列型或者平行强数型，非常形象。当然，有一些题只能“横着看”，也有一些题只能“竖着看”。这个就靠我们在做题之中发现和寻找了。

至此，唯一矩形的所有标准和变异类型就全部讲完了。如果您是新手的话，这种结构是否给您带来了深刻而又神奇的体验呢？如果您过去就知道唯一矩形结构，那么您是否对它又有了更加深刻的认识呢？

当然，致命形式其实并没有结束。接下来将要讲解的是从结构本身拓展而来的结构，这会使得我们使用该技巧的时候更加多样化。

9.2.4.3 正交强数型（隐性唯一矩形）

UR的讲述还没有结束。它和数组相似的地方是它也有占位法。

如盘面61（图9–19）所示。我们能看到一个矩形，不过并不能直接看出有什么结论。

5	9	7	3	1	6	8	4	2
4	3	1	7	2	8	9	6	5
8	6	2	4	9	5	7	3	1
19	8	35	2	357	4	6	15	79
29	7	345	6	35	1	23	8	49
12	45	6	8	357	9	23	15	47
3	2	45	15	6	7	14	9	8
6	45	9	15	8	2	14	7	3
7	1	8	9	4	3	5	2	6

图9–19　盘面61

如果我们从D3的候选数5开始假设的话，就有这样的逻辑推理：首先，我们观察到，D3所在的行D和列3之中，候选数3只能填入D3、D5和E3中；但是，我们又发现，这3个单元格均是这个矩形结构内涉及的单元格。

随后，我们观察到，在D3、D5、E3这3个单元格之中，关于候选数3的填数情况只有两种：一种是D3=3，另外一种则是D5=3且E3=3。为什么只有这两种填数情况呢？因为在列3和行D的其余单元格中都不能填入3，而根据数独的定义，这两个单元内都必须出现一次3。那么，这说明填数就只可能是上述的两种情况了。接下来，我们继续分析。

● 如果D3=3的话，那么D3已经填数了，D3剩余的所有候选数均可被删除；

● 如果D5=3且E3=3的话，由于E5只有两个候选数{35}，所以E5=5。这会导致D3不能填入5。因为目前结构已经是D5=3、E3=3、E5=5了，如果D3=5的话，这必然出现致命结构。所以为了避免它，D3<>5。

不管是哪一种情况，D3均不能填入5。即D3<>5。

这个技巧其实也是一种强数型技巧，不过它有单独的名称。和之前的数组一样，占位法被认为是隐性的，而唯余法被认为是显性的。这里的唯一矩形是一个隐性的情况，所以采用占位法的名称，即唯一矩形占位法，而它的英文名则是“Hidden Unique Rectangle”，即隐性唯一矩形，英文缩写为HUR。同时，它也被称为正交强数型。

9.3 从矩形拓展的结构

9.3.1 拓展矩形

拓展矩形是将UR的规格扩大的一种技巧，这里简单做一个介绍，并不需要着重掌握，了解即可。

我们可以灵活利用之前讲到的UR的5种类型，得到不同的删数结果。而这个技巧，就是UR的拓展版。

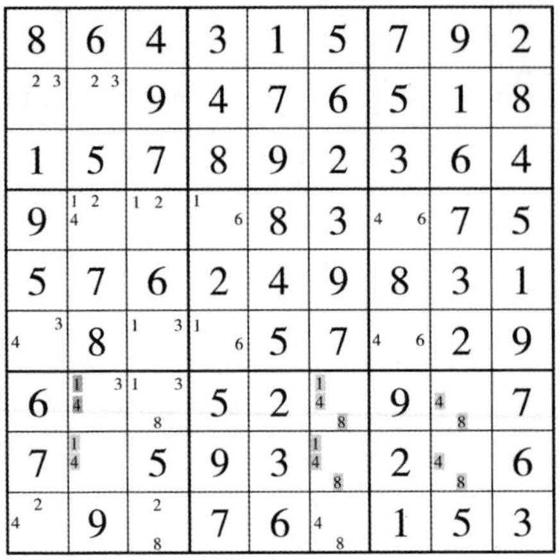

图9-20　盘面62

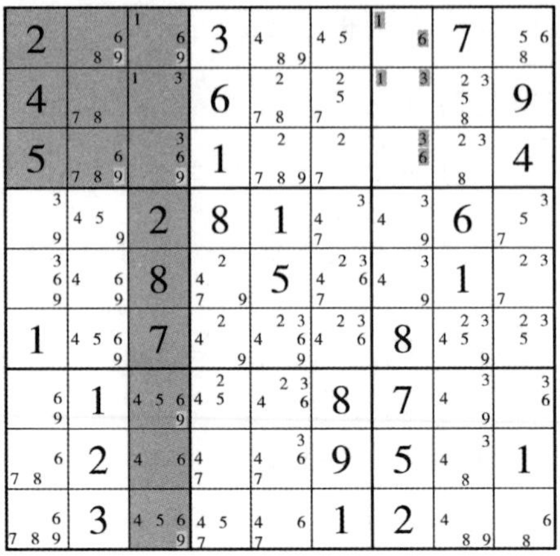

图9-21　盘面63

如盘面62（图9-20）所示，根据UR的思路，我们进行假设推理。

当G2=1时，试着填进去，最终得到了一个矩形，它的形状按顺序写就是“1-8-4-4-1-8”；当G2=4时，又会得到一个新的矩形，形状是“4-1-8-1-8-4”。在标准数独的规则下，这两种填法导致的剩余盘面都是完全一致的，所以这两种填法都是错误的。也因此，G2<>{14}。

这里的矩形的规格并不是2×2=4格，而是3×2=6格。因此，这是一个拓展的矩形。当然，它其实也可以配套之前UR的多种拓展类型（待定数型两种、待定数组型两种、强数型两种）进行变化。下面列出它的待定数型（图9-21），请自行推理其删数过程。

需要注意的是，盘面62和盘面63都只涉及了6个单元格，而盘面62的这6格分属3个宫，而盘面63的6格分属两个宫。这同样是可行的。请自行思考在最早唯一矩形导致双解致命的地方所讲到的原理，然后尝试去代入，并最终发现致命结构。

9.3.2 唯一环

唯一环（缩写为UL）也是一种由UR变异得到的形态。不过这里的UL并不像之前的拓展矩形那样规则，它是不规则的形状。

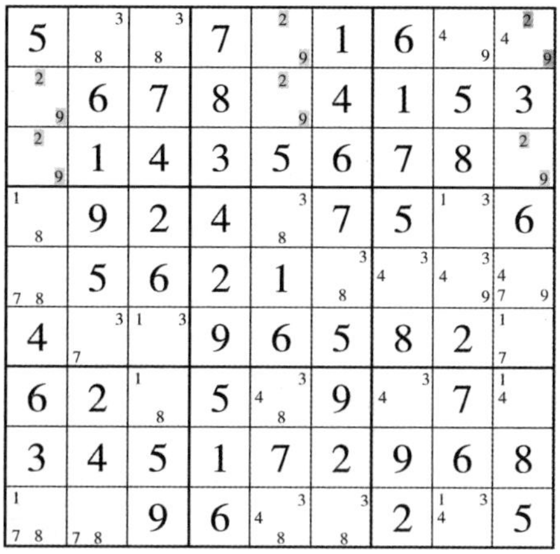

图9–22 盘面64

如盘面64（图9–22）所示，在宫1、宫2、宫3内我们都能很容易地看到关于候选数2和9的单元格。将它们用线串起来之后，可以发现其中只有一格内多了其他的候选数。我们假设A9这个有额外候选数的单元格填入2，那么跟着这个“环”顺时针走一圈，就会得到一个“2–9–2–9–2–9”形状的填法；如果A9=9，就会得到一个“9–2–9–2–9–2”形状的填法。很显然，它们都和其他单元格的填数无关了，并且这两种填数方法都是可行的，因此，这两个假设都是错误的，也因此，A9不应该填2或9，即A9<>{29}。

由于UL的特殊性，它可以延伸到很长，而并不只是像UR那样只能是6个单元格，它可以是8个、10个，等等。我们可以简单地根据这一点得到一个结论：UL涉及的单元格数只能是偶数，并且UL的最长长度是16。这是由于最多的情况是全盘都有这样的相同的数对进行组合，并刚好画成一个环。全盘一共是9个宫，但是如果全盘的9个宫都有数对，就一定会导致盘面多解的情况，因为这两个数字的位置一定可以互换。因此，2×9=18个是根本不可能的，那样必然导致双解，最多只能是16。

另外，UL也同样可以根据UR的5种变形进行变化，得到另外的类型。此处将展示一个UL强数型（图9–23），但不会给出其位置，请自行推理寻找。（提示：它的长度是10，是一个关于候选数4和9的UL。）

1	4 9	7	2	4 6 9	6 8	8 9	5	3
6	3	2	8 9	1 9	5	4	7	1 8 9
5	4 9	8	7	3	1 4 9	2	6	1 9
3	2	4 9	6	4 9	7	1	8	5
8	1	6	5	2	4 9	3	4 9	7
7	5	4 9	1	8	3	6	4 9	2
9	6 8	1	3	5 6 7	6 8	5 7 8	2	4
2	6 8	5	4	1 6 7 9	1 6 8 9	7 8 9	3	8 9
4	7	3	8 9	5 9	2	5 8 9	1	6

图9–23　盘面65

9.4　技巧难度总结

技巧名称	技巧难度	罕见程度	观察难度	综合难度
唯一矩形	★★★★★☆ ☆☆☆☆☆☆	★★☆☆☆☆ ☆☆☆☆☆☆	★★★☆☆☆ ☆☆☆☆☆☆	★★★☆☆☆ ☆☆☆☆☆☆
拓展矩形	★★★★★☆ ☆☆☆☆☆☆	★★★☆☆☆ ☆☆☆☆☆☆	★★★★☆☆ ☆☆☆☆☆☆	★★★☆☆☆ ☆☆☆☆☆☆
唯一环	★★★★★☆ ☆☆☆☆☆☆	★★★☆☆☆ ☆☆☆☆☆☆	★★★★★☆ ☆☆☆☆☆☆	★★★★☆☆ ☆☆☆☆☆☆

第10章
致命结构——可规避矩形

可规避矩形（简称AR）是一种将UR标准型反向使用的技巧：已经填入了矩形的3个顶点后，发现第4个顶点不得填入构成致命模式的数字。

10.1 标准型

8	1	5	4	7	2	9	6	3
469	39	46	5	36	8	7	1	2
67	237	26	1	36	9	48	48	5
467	27	1	8	5	3	246	9	47
3	29	246	69	1	7	2456	245	8
679	5	8	69	2	4	16	3	17
5	8	3	7	9	6	124	24	14
2	6	7	3	4	1	58	58	9
1	4	9	2	8	5	3	7	6

图10-1　盘面66

如盘面66（图10-1）所示，当做到这里的时候，我们发现，G5、H5和H9都填入了数字，把这3格和G9放在一起观察，发现这4个单元格刚好组成了“9-?-9-4”的结构，其中的问号是G9即将填入的数字。G9如果填入4，将会构成“9-4-9-4”的致命形式，所以填4就是错的，因此G9<>4。

注意：4个顶点都必须是我们填入的数字，而不能出现提示数。因为致命模式得是我们自己填入的才作数，一旦有提示数字，我们会根据提示数来推理，就不会出现这种根据唯一性来判断是否可以填的情况了。

我们可以尝试这么想，这4个单元格都是我们填入的数字，那么很明显的是，这些数字虽然是根据推理得到的，但不能完全保证最后一定正确。那么数字就有可能产生互换，导致出错。而提示数就不一样了，提示数是被固定在题目之中的，那么它们就肯定不能够产生互换，也就不能产生类似于致命的效果了。因此，结构涉及的所有单元格都不能是提示数所在的单元格。

这被称为类型1，也就是最常规的类型。另外，它还有类型2。

10.2 待定数型

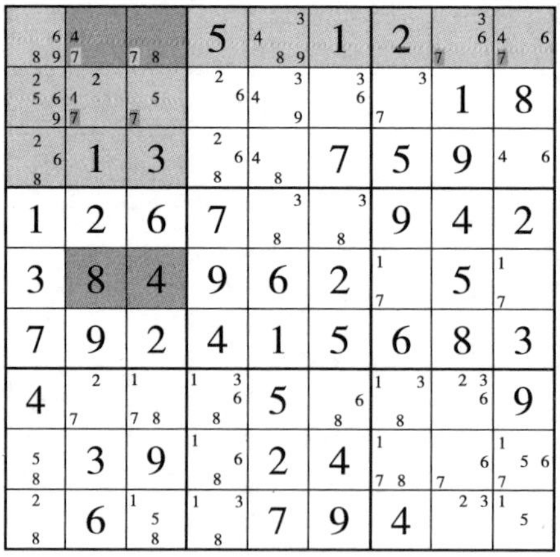

图10-2 盘面67

题目来自Hodoku官方网站给出的例题库，有改动。如盘面67（图10-2）所示，当做到这里的时候，我们发现，A2、A3、E2、E3组成了一个矩形。

我们发现，根据我们的推理，如果“A2=4”和“A3=8”同时成立的话，那么必然会致命，所以不行；如果同时不成立的话，那么就会导致A2和A3同时填7，这显然是违背数独规则的，所以其中必然只有一种情况成立。不管是哪一个，都会导致A2和A3共同对应的位置上不得填入7。因为A2和A3同时属于行A和宫1，所以行A和宫1的其余位置上都可以删除候选数7。因此，A8、A9、B2和B3都不等于7。

这种类型被称为待定数型（类型2）。

10.3 待定数组型

10.3.1 待定数组唯余型

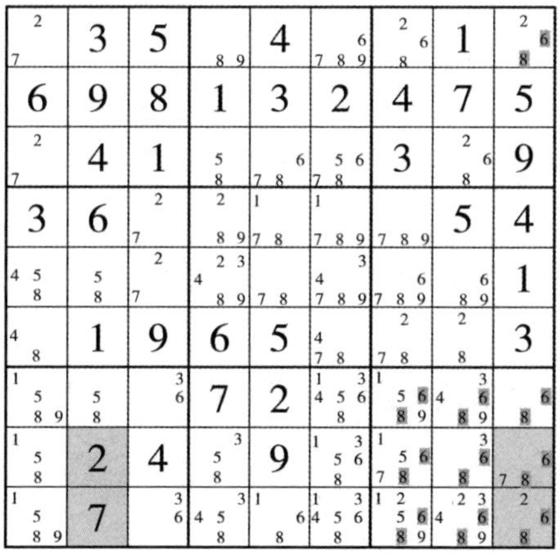

图10-3 盘面68

题目来自Hodoku官方网站给出的例题库，有改动。如盘面68（图10-3）所示，我们发现，H2、H9、I2和I9组成了一个矩形。

但是，其中有两格并没有任何数字。但是我们发现，根据我们的推理，如果“H9=7”和“I9=2”同时成立的话，那么必然会致命，所以不行；如果同时不成立的话，那么就会导致G9、H9、I9这3格填6和8这两个数字，3格是肯定不能只填两个数字的，这显然是违背数独规则的，所以其中必然只有一种情况成立。但不管是H9和I9哪一个成立，都会导致剩下的那一个单元格和G9构成数对{68}，因此，G9和H9、I9共同对应的单元格内就不能再填入6和8。因此，A9、G7、G8、H7、H8、I7和I8都不等于{68}。

这和之前的UR类似，因此称为待定数组唯余型（类型3a）。

10.3.2 待定数组占位型

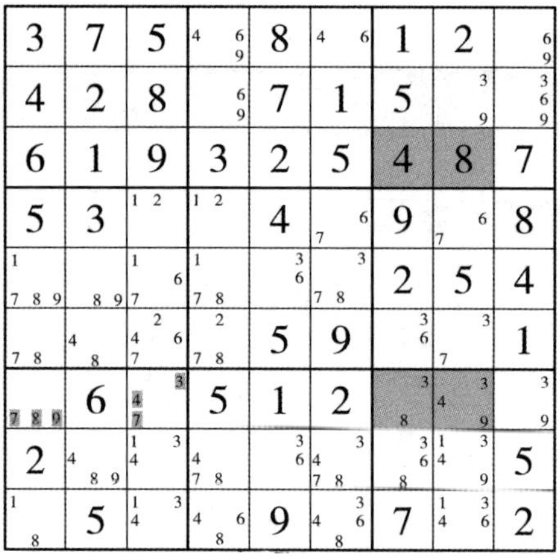

图10-4 盘面69

题目来自Hodoku官方网站给出的例题库，有改动。如盘面69（图10-4）所示，同AR的知识，我们知道了，C7、C8、G7、G8这4格构成了一个矩形，而G7=8和G8=4必然只有一个成立。

同之前UR的类型3b的推理过程，我们可以知道，行G内只有G1、G3和G7、G8构成三链数{478}。这3格构成三链数后，这3格内的所有4、7、8以外的候选数都是能删除的，但是由于在这个矩形里面，G7=8和G8=4只有其中一个成立，因为待定的关系，不能确定是否可以删掉。因此只能是G1<>9，

G3<>3。

这和之前的UR类似，因此称为待定数组占位型（类型3b）。

需要注意的是，AR不具有UR类似的类型4、类型5和类型6。

10.4 技巧难度总结

技巧名称	技巧难度	罕见程度	观察难度	综合难度
可规避矩形	★★★★★☆ ☆☆☆☆☆☆	★★★★☆☆ ☆☆☆☆☆☆	★★★☆☆☆ ☆☆☆☆☆☆	★★★★☆☆ ☆☆☆☆☆☆

第11章 双候选数致死解法

前面我们介绍了利用数独有且仅有唯一解的定理得到的唯一矩形删减法，但是利用这个理论来解题的技巧并不止一种，下面就将介绍第二种关于全盘的方法。

11.1 技巧介绍

接下来介绍一种涉及全盘致死的结构。

11.1.1 标准型

5	7	8	1	3	6	2	9	4
1 6	1 3	4	2	8	9	7	3 6	5
6 9	3 9	2	5	7	4	1	8	3 6
4	5	9	3	2	1	8	7 6	7 6
3	8	1	7	6	5	9	4	2
7	2	6	9	4	8	5	1 3	1 3
1 9	6	7	8	5	3	4	2	1 9
8	4	5	6	1 9	2	3	1 7	1 7 9
2	1 9	3	4	1 9	7	6	5	8

图11-1 盘面70

如盘面70（图11-1）所示，当我们采用直观技巧做到这一步的时候，发现前面学过的所有技巧都不能用了。

这个时候，综观整个盘面，只有H9是3个候选数，而其他剩余的所有待填单元格都只有两个候选数。我们不妨就从那个“奇怪”的单元格开始推理：

- 如果H9=1，则可以得到一个完全没有问题的终盘；

- 如果H9=7，我们始终得不到正确的终盘，因为中途发现一定会有两个相同的数字出现在同一单元内；

- 如果H9=9，我们始终得不到正确的终盘，因为中途发现一定会有两个相同的数字出现在同一单元内。

其中两个候选数都会导致盘面无解，因此，它们理所应当被删除掉。

这种技巧被称为双候选数致死解法，它的英文名是“Bi-value Universal Grave”，直译为“双值全坟墓”，这个名字很容易理解：“双值”代表两种不同的候选数值，“全”表示全盘，“坟墓”就是导致局面“死亡”。而我们一般把这种技巧的名称简写为“BUG”。但是“全盘”并不表示BUG会涉及全盘结构，而是全盘致死的意思。

不过，BUG的4个类型将涉及整个盘面，和试数差不多。双候选数致命解法在形式上其实是唯一矩形的拓展版本，这到底是为什么呢？我们回顾一下UR和BUG标准型的异同。

UR标准型（类型1）里面，整个技巧只涉及4个单元格，它们刚好组成一个矩形，在推理过程中，由于有一个单元格有额外的候选数，刚好，多余的那个（那些）候选数才能满足唯一解，而结构所涉及的两个候选数都会导致多解，盘面双解致命。

BUG标准型（类型1）里面，整个技巧全盘都会涉及，它们并不能组成什么优美的图案，但是我们发现，也同样只有一个单元格会多出来一个数字，其中两个数字都会导致多解，盘面致死，而剩下那一个才是唯一解。

它们惊人的相似点在于它们涉及的单元格内都刚好只有一个单元格有额外的候选数，而其余单元格都刚好有两个候选数。在BUG结构里面，这个唯一拥有3个候选数的单元格叫作三值格，而其中那个最终使盘面完全正确解出的候选数我们称其为真数或非BUG候选数。而且我们仔细观察，三值格中，真数在其所在的行、列、宫内都恰好出现3次。例如在盘面70中，三值格H9的候选数{179}里面填入1而删除7和9。根据BUG推理，7和9都是错的，所以填1。但是我们能够发现，1刚好在行H出现3次。这是符合刚才说的“真数必然在其行列宫内出现3次”的。也就是说，它必须得满足了这个条件才有可能是BUG。那么BUG还有其他的要求吗?

对于一个唯一解的合格标准数独来说，满足BUG需要拥有以下3点：

- 在BUG中，只有一个有3个候选数的单元格，而其余的都只有2个候选数。

- 在BUG中，那个唯一有3个候选数的单元格中，最终正确的候选数总能够找到在对应行、列、宫内都恰好出现3次的情况。

- 标准BUG最终一定导致盘面无解。

这3大定义也被广泛应用于BUG解法的观察之中。当您观察到只有一个单元格有3个候选数而其余都是2个候选数时，试着去看这个特殊的单元格内的3个数字是否能找到其中一个数字在某一行、某一列或者某一个宫内刚好出现3次，那么这个数字就一定是BUG的正确填数了。

如何直观快速地看到BUG技巧而不标注候选数呢？您可以在整个数独盘面内找出某一行、某一列、某一宫内只有2个空格的情况，并简单标记出来，表示它们并不是“BUG多出的单元格”，即非BUG候选数。当实在找不出的时候，再标注候选数，这样可能性就会少很多，推理起来就比较轻松。

另外还有一种办法。发现有疑似BUG盘面的时候，在盘面内先找到疑似三值格的位置，并开始假设，写上字母“abc”。然后根据BUG的定义，构造一个BUG出来，看是否能够利用这个疑似BUG的盘面完整覆盖。

11.1.2 待定数型

待定数型是标准型的拓展版本，它不止一个单元格有3个候选数。

5	4	2 7	6	2 7 8	7 8	9	1	3
2 3	9	6	2 3	1	4	7	8	5
3 7	8	1	3 5 7	5 7	9	2	6	4
2 9	1	8	2 9	4	3	5	7	6
7 9	5	2 7	8 9	6	1 8	3	4	1 2
4	6	3	5 7	2 5 7	1 7	8	9	1 2
8	2	4	1	9	5	6	3	7
6	7	9	4	3	2	1	5	8
1	3	5	7 8	7 8	6	4	2	9

图11-2 盘面71

如盘面71（图11-2）所示。直观填出了部分数字，并删除掉E4、E6的候选数7（区块摒除法）以及E1、E4、F4的候选数2（二链列）。

当做到这里的时候，我们发现，有3个单元格有3个候选数，而其他的单元格均只有2个候选数。此时我们发现，候选数7在这3个格内起到了至关重要的作用：如果这3格均缺少候选数7的话，就会出现BUG结构，使得盘面致命。所以，无论如何，这3格都得保证有候选数7的存在。因此，它们共同对应的单元格C5就一定不为7，即C5<>7。

这被称为待定数型。而且此题有趣的是，做到后面还有一个BUG标准型，请尝试找出它。

注意，这里的7并不是恰好在其所在的行、列、宫内各出现3次的，在列5，7出现了4次。这并不是出现什么错误了，而是在这一列，有2个候选数7，都是真数。那么，此时我们就需要将找到的真数忽视掉，然后去看当前真数是否是真正的“行、列、宫内各出现3次”。比如这里找到的A5（7），需要先忽视剩下的两个真数，再去观察它是否是真数。所以，一个题有好几个真数是有可能的，并且它们位于同一行、列、宫内。

11.1.3 待定数组型

待定数组型BUG是一种极为罕见的技巧，比起之前讲到的四链列还要罕见。它也需要配套数组唯余法解题，此处仅举出一个例子供大家思考和理解。

4	5	6	1	7	2	89	89	3
9	8	7	3	4	5	6	1	2
1	2	3	8	6	9	45	45	7
7	49	5	6	29	8	3	249	1
68	1	49	7	25	3	49	26	58
68	3	2	4	59	1	7	69	58
2	47	48	5	3	6	1	78	9
5	6	1	9	8	7	2	3	4
3	79	89	2	1	4	58	578	6

图11-3 盘面72

如盘面72（图11-3）所示。直观填出了部分数字，列区块排除法删除了

E3的候选数8；宫6或列9的{58}数对唯余，删除了宫6内其他单元格的候选数5和8；行E的{49}数对唯余，删除了行E其他单元格的候选数4和9。

此时我们发现，单元格D8和I8都有3个候选数，而其余的单元格均只有2个候选数。我们观察到，D8的候选数9与I8的候选数8和A8的候选数{89}存在着这样一种关系（注意观察列8）：如果D8=9并且I8=8同时成立的话，则会导致A8不能填入任何数字；如果D8=9并且I8=8同时不成立的话，则会导致盘面出现BUG结构，最终致命。因此，它们其中必然有一个成立。但无论是哪一个成立，都会和列8中的单元格A8构成数对结构，删除列8中其他单元格的候选数8和9。因此，F8<>9，G8<>8。

这就是待定数组型（类型3），是配套了数对唯余法的待定数组型。其他情况将不另给出，其出现的频率极其低，然而它其实也可以利用数组占位法来实现对应的观察角度。

11.1.4 强数型

强数型是BUG的最后一种类型。

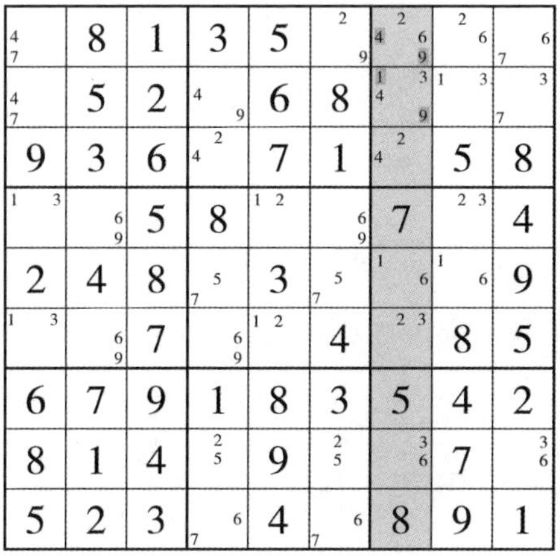

图11-4 盘面73

如盘面73（图11-4）所示。直观填出了部分数字，宫6或行E的{16}数对唯余，删除了宫6和行E其余单元格内的候选数1和6；行式区块摒除法删除了H4、H6的候选数6；宫式区块摒除法删除了宫2内A6、B4、B5的候选数7，可继续填入B5=6和C5=7；接着宫式区块摒除法可以删除宫5内D6、F4的候选数2。

此时我们发现，A7和B7可以推理。A7的候选数2、6以及B7的候选数3、4如果全部都不是这两格的候选数，就变成了A7={49}并且B7={19}，就是一个BUG结构导致的致命形式，盘面致死。所以，这两格的候选数必然至少有一格是正确的。但是，候选数9在列7内只有这两个位置可以填，所以，其中必然有一格填9，那么另外一格就只能填2、6之一或者3、4之一了。那么这个时候，我们发现，无论是哪种情况，A7的候选数4和B7的候选数1都跟这里的假设没有任何关系，因此它们可以被安全地删除。

这就是强数型（类型4）。稍微有一点绕，不过逻辑也是非常清晰的。

11.1.5　多额外数致死解法

除前面的4种类型以外，BUG还有一种特殊的技巧，各个涉及的候选数互相影响，从而产生了这样一个新的BUG技巧。这将大量使用到BUG标准型后面提到的观察办法。BUG标准型毕竟出现情况比较少，要求有点苛刻，所以一般都不会出现这类题目，下面就是一个奇怪的例子。

如盘面74（图11-5）所示，我们发现，在整个盘面中，有两个三值格。我们根据BUG标准型后面讲到的观察方法，发现其中有两个数字都满足这个条件：G9的候选数5和H9的候选数4。经过推理发现，它们不能同时被删除掉。因为都被删掉后，就会出现BUG，盘面致死。所以，无论如何，这两个单元格内必有一格真数正确。因此可以得到的是G9<>4， H9<>5。

2	1	3	4	5	6	8	7	9
8 9	6 9	6 7	7 8	3	1	2	4 5	4 5
4 8	4 5	5 7	2	7 8	9	6	1	3
6	7	4	3	2	5	9	8	1
5	2	1	6	9	8	4	3	7
3	8	9	1	4 7	4 7	5	6	2
7	3	5 6	5 8	4 8	2	1	9	4 5 6
4 9	6 9	8	5 7	1	4 7	3	2	4 5 6
1	4 5	2	9	6	3	7	4 5	8

图11-5 盘面74

这个技巧就是BUG+*n*。其实我们会发现，BUG标准型刚好也可以叫作BUG+1，这是因为标准型的额外数字刚好只有1个。只要自己被删除了，那么它一定是BUG得到的致命形式，所以它是正确的。而这里的例子，则找不到任何一个特征类型来表示，因此只能被称为BUG+2。

那么怎样找到多个额外数呢？其实我们观察盘面74也能看出，真数同样是在其对应的行、列、宫内出现了3次的。所以，请注意此点，后面较难的观察

9	1	8	4	2 7	3 7	3 6	2 6	5
6	2 3	4	9	5	8	1 3	1 2	7
5	2 3	7	6	1 2	1 3	4	8	9
1 4	5	2	7	9	1 6	8	1 4 6	3
1 4	8	6	5	3	2	9	7	1 4
7	9	3	8	1 6	4	2	5	1 6
3	7	5	2	8	9	1 6	1 4 6	1 4 6
2	6	9	1	4	5	7	3	8
8	4	1	3	6 7	6 7	5	9	2

图11-6 盘面75

2	7	1	4 8	6	5	4 8	9	3
4 8	9	3	7	1	4 8	6	5	2
6	4 5	4 5 8	9	2	3	1	7	4 8
1	8	7	3	4	9	5	2	6
3 4	3 4	2	5	7	6	9	8	1
5	6	9	1	8	2	3	4	7
7	1	6	4 8	5	4 8	2	3	9
3 4 8	3 4 5	4 5 8	2	9	1	7	6	4 8
9	2	4 8	6	3	7	4 8	1	5

图11-7 盘面76

需要借助它进行推理。

而且，涉及的数字也可以不同。下面的例子是BUG+3（图11–6）和BUG+4（图11–7），它们都不是待定数型，请自行推理。

需要注意的是，BUG+n里面的n是指真数的个数，而不是指单元格的个数。同一个单元格是可以拥有多个真数的。

您会发现，这些结构都是相当普通的，可以看成类似于类型2（待定数型）的结构。不同点就是，涉及的真数是异数。也就是说，结构是涉及不同数字的。但是，因为待定数型毕竟是涉及同一候选数的，所以此处仅能使用BUG+n（多额外数致死解法）来说明技巧。

11.2 技巧难度总结

技巧名称	技巧难度	罕见程度	观察难度	综合难度
双候选数致死解法	★★★★★★☆☆☆☆☆☆	★★★★☆☆☆☆☆☆☆☆	★★★★☆☆☆☆☆☆☆☆	★★★★★☆☆☆☆☆☆☆

CHAPTER 12

第12章 待定数组（标准）

待定数组（简称ALS）是一种数组的活用方法。由于它的变形比较多，并且比较难，所以在这一章只讲解其标准形式，即它的标准用法和逻辑。毕竟，待定数组是一个大话题。

12.1 欠一数组

12.1.1 欠一数对

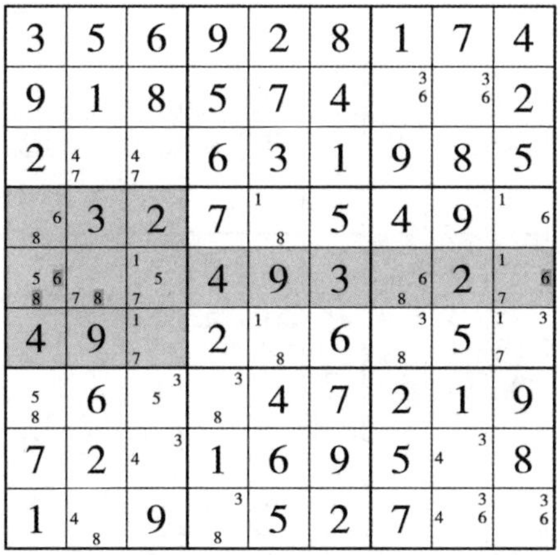

图12-1　盘面77

题目来源于独·数之道论坛。如盘面77（图12-1）所示，当做到这里的时候，我们发现，在D1、E7这两格都只有候选数{68}。它们有没有什么关联呢？

我们观察到，在它们的公共区域E1、E2、E3刚好有两格中有候选数6和8，即E1和E2。我们发现，如果E1、E2同时都是{68}的话，很明显它们就直接构成了数对结构了，但是在D1或E7的{68}将使这里无法填数。因为有3个单元格内只填2个不同的数字，这显然是不可能的，所以这个假设是不成立的。但如果E1、E2都不填{68}的话，宫4和行E内就会出现数字6或8的其中一个没法填进去，所以，这也是不成立的。所以，E1和E2中必有一格是{68}。

但是无论E1还是E2是{68}，都会和宫4内D1的{68}组成数对，删除掉宫4内其余单元格的候选数6和8（但是宫4没有其余单元格能填6和8了）；也会和行E内E7的{68}组成数对，删除掉E7内其余单元格的候选数6和8。此处观察到E9还能填入数字6，所以E9<>6。

这种解题技巧中，E1和E2的候选数{68}是待定的、不确定的，因此被称为欠一数对。“欠一”就表示差一点点的意思。但是这个方法还能变化一下，下图就是另外一种待定数对的推理方法。

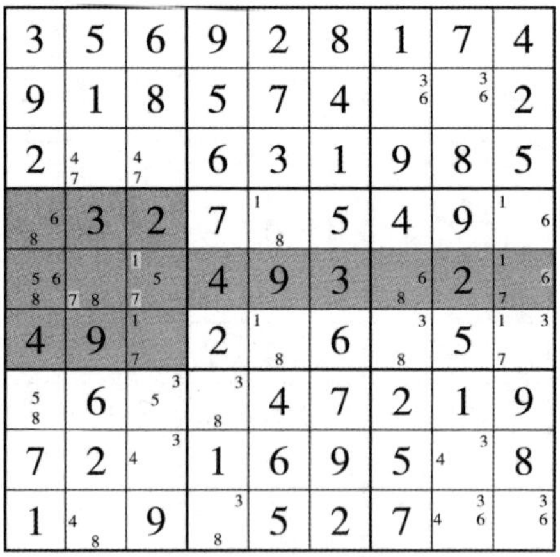

图12-2　盘面78

如盘面78（图12-2）所示，我们从E2、E3的{17}开始推理。

同盘面77的推理方式，我们可以得到E2、E3这两格的候选数{17}必定只能是其中一格填入。那么根据数对的推理方式，由于行E必须填入1和7，所以，还缺少一个填{17}的位置与它构成数对，因为只有这样，才能满足行E有1和7。我们发现行E就只剩下E9内可以填{17}了，所以它必定只能是{17}。所以，E9的其余候选数应当删除，即E9<>6。

下面请您自行观察并推理，如盘面79（图12-3）所示，结构仅位于阴影部分内。

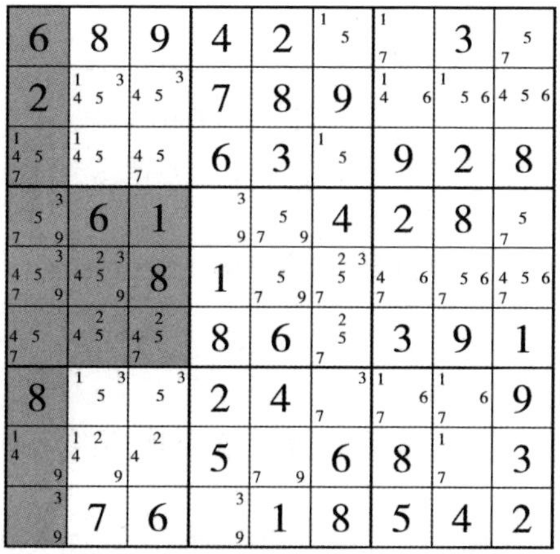

图12-3　盘面79

12.1.2　欠一三链数

如盘面80（图12-4）所示，我们发现，在宫4和列2内，有D3、F1、G2、I2、D2和F2分别都有候选数{789}。其中，D2和F2刚好是宫4和列2的交集处。当D2、F2都是{789}的时候，就会发现，无论是宫4还是列2内，在前面提到的6个格子中，会存在4个单元格来填这3个数字的情况，这显然是不行的，它们其中必定会有一格不能填入任何数字，所以这样就是错的；但是如果D2、F2都不填{789}的话，我们就会发现，在前面提到的这6个格子中，会存在有2个单元格来填这3个数字的情况，这显然也是不行的，它们其中必定会有一个数字填不进去。所以，D2和F2中，只有一格的候选数是{789}。

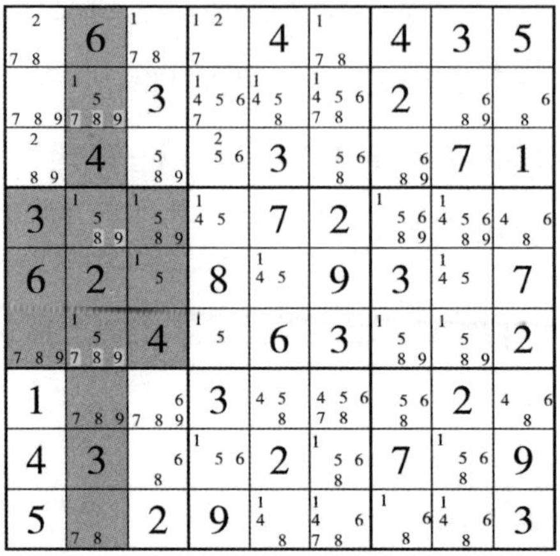

图12-4　盘面80

但是无论D2还是F2是{789}，都会使宫4或者列2内其余单元格不填{789}，所以应当删除掉其余位置的候选数7、8和9。此处在宫4内并没有可以删除的位置，而列2的B2<>{789}。

由于待定的数组是一个三链数，因此这个技巧的名称是欠一三链数。

由于这种数组的特殊性，我们可将其变形，并融入更多的技巧，使它更加漂亮和实用。

12.2　融合式待定数组

这一部分将讲解一个特殊的待定数组，同样会涉及2个单元，但是这2个单元内的待定数组却并不一致。这种情况，我们称为“融合式”。因为这两组待定数组是有一部分“融合”在同一个单元格内的。

如盘面81（图12-5）所示，我们观察列7和宫3内，分别各有一组待定数组，一个是列7内A7、C7和F7的待定数对{47}，以及宫3内A7、A9和C7的待定数对{38}。其中，在它们的公共区域上，两组待定数对刚好融合在了一起。此时我们开始推理。

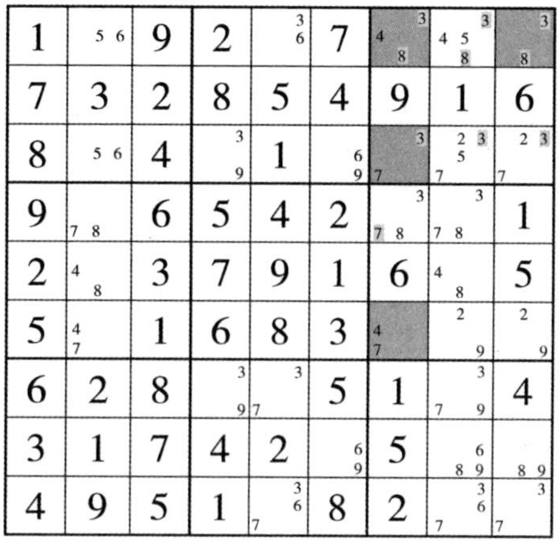

图12-5 盘面81

如果两组待定数对的公共区域（A7和C7）上都只填{47}的话，很明显，3个格子内填2个数字是不成立的，如果都不填{47}的话，就只能都填{38}，那么宫3内也会出现3个格子内只填2个数字的情况，这也是错误的。所以，A7和C7中，必有一个是{47}，而另一个是{38}。虽然不知道哪个是{47}，哪个是{38}，但是我们知道，列7已经出现了数对{47}了，而宫3已经出现数对{38}了，所以，宫3的其余单元格内将一定不填{38}，而列7的其余单元格内将一定不填{47}。因此，就有如下的删数情况：A8<>{38}、C8<>3、C9<>3、D7<>7。

这种技巧称为融合式待定数组。

融合式待定数组的英文名可以被缩写为SDC，全称是Sue de Coq。这是一个法语词组，源于一个网名叫作Sue de Coq的人发表了一篇关于这种技巧的发现以及理论说明的帖子。因此，其实这一名字和技巧的逻辑毫无关系。

其中的2组待定数组不一定都是数对，也可以不一样，如盘面82（图12-6）所示，其中一个是待定数对，而另外一个则是待定三链数。

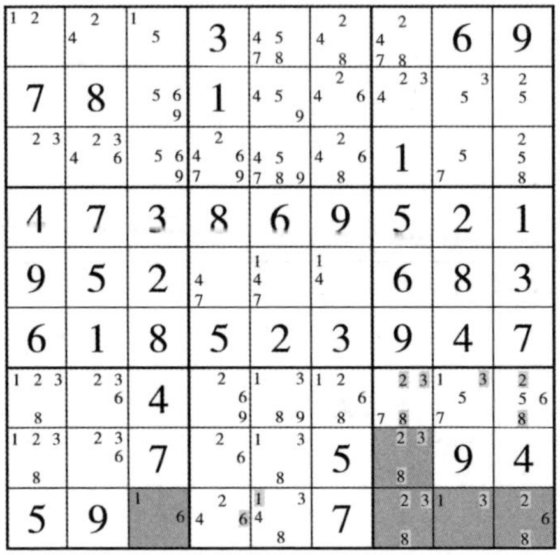

图12-6　盘面82

我们注意到，这些技巧都有一个共同点：在n个单元格内存在$n+1$种不同的数字，我们把这样的情况叫作待定数组。

探索SDC的旅程并没有结束。接下来的这个例子将会把上面的推理过程拓展到一个新的高度。上面的公共区域只有2格，而如果公共区域变成了3格将会

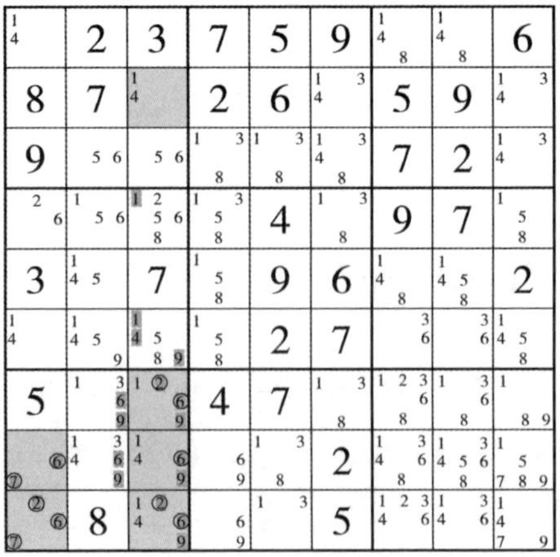

图12-7　盘面83

怎么样呢?

如盘面83（图12-7）所示，同样有两个待定数组，一个在宫7，是待定三链数{267}，另外一个则是列3的待定数对{14}。不过，我们发现，它们的公共区域变成了3格，分别是G3、H3和I3。可是我们又发现，G3、H3和I3都有候选数9。试着思考一下，它们之间的填数关系是怎么样的呢?

- 情况1：如果G3、H3、I3同时填{14}，列3就会有4格填{14}这2个数字，因此不成立；
- 情况2：如果G3、H3、I3同时填9，这显然是错的，因此不成立；
- 情况3：如果G3、H3、I3同时填{267}，宫7就会有5格填{267}这3个数字，因此不成立；
- 情况4：如果G3、H3、I3其中2格填入{14}，剩下的1格填入{267}或者9，就会导致列3中有3格填入{14}这2个数字，因此不成立；
- 情况5：如果G3、H3、I3其中2格填入{267}，剩下的1格填{14}或者9，就会导致宫7中有4格填入{267}这3个数字，因此不成立；
- 情况6：如果G3、H3、I3其中2格填入9、剩下的1格填入{267}或{14}，这明显是错的，所以不成立；
- 情况7：G3、H3、I3任意1格填{14}，第2格填{267}，最后一格填9。

综上所述，所有的填数情况均已列出，但是只有一种情况成立，那就是情况7。这意味着G3、H3、I3这3格内必然是“一格填一种”，每一格都只能填入各不相同的一种情况。

但是无论怎么填，必定会导致列3内出现{14}数对，删除掉列3内其余单元格的候选数1和4；宫7内会出现{267}三链数，删除掉宫7内其余单元格的候选数2、6和7。另外，由于G3、H3、I3内必然有一个位置会填入9，因此根据区块摒除法，得到宫7和列3的其余单元格内都不得填入9。

另外，我们可以观察到，这种特殊的3格的公共区域里面，出现了同一个数字，这个数字很神奇，我们可以尝试将它放到待定数组的一边。哪一边都行，因为它是被“公共使用”的。

此外，因为对于这种结构填数情况的分析讨论过程很麻烦，所以我们可以采用另外一种观察角度。

首先，观察到B3单元格是有两个候选数的，那么根据数对的知识，我们必然知道的是，结构必须还需要一个单元格，也是这样的两个候选数，才能够构成数对结构。因此，我们就需要在下面的公共部分处选择其中一个单元格，来指定它们只能是这两种候选数才可以；随后，我们发现H1和I1这2个单元格内有3种不同的数字，于是就需要再找一个单元格也是这3种候选数，才可以构成数组结构。因此，公共部分还有一个单元格是属于这个数组的。那么，融合区域就只剩下一个单元格了，而这个区域内，仅剩下候选数9。那么，最后一个单元格必然是9。

这样一来，我们就找到了结构最终的情况，这同样也能够形成删数。

12.3 技巧难度总结

技巧名称	技巧难度	罕见程度	观察难度	综合难度
欠一数组	★★★★☆☆ ☆☆☆☆☆☆	★★★★☆☆ ☆☆☆☆☆☆	★★★★★☆ ☆☆☆☆☆☆	★★★★☆☆ ☆☆☆☆☆☆
融合式 待定数组	★★★★★☆ ☆☆☆☆☆☆	★★★☆☆☆ ☆☆☆☆☆☆	★★★★★★ ☆☆☆☆☆☆	★★★★★☆ ☆☆☆☆☆☆

CHAPTER 13

第13章 链的初步介绍

数独的世界里流传着这么一句话，“链乃万物之源”。为什么这样说呢？因为所有的技巧都可以表示成“链”的形式。这或许会有些别扭，但若是真正理解了其中的意思，所有的数独题目都将迎刃而解。那什么是链呢？

13.1 双强链（多宝鱼）

13.1.1 摩天楼

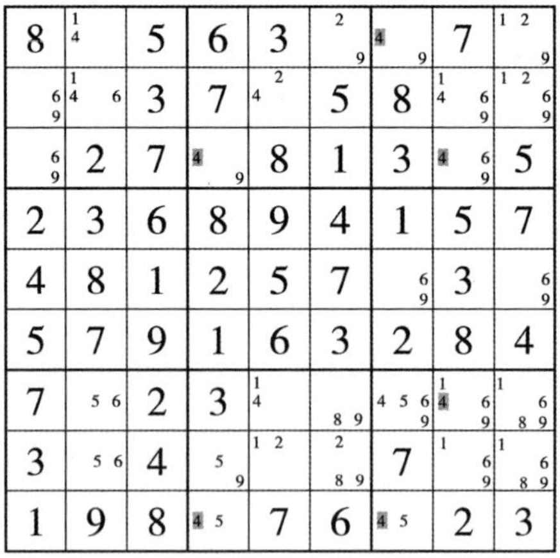

图13-1 盘面84

如盘面84（图13-1）所示。我们发现，在行C和行I，能够直接看到候选数4只能填入这2行的C 4、C8、I4、I7内。于是，我们有如下的推理过程：

第1步：如果C8<>4，由于行C必须得填一个4，所以就只有C4=4；

第2步：如果C4=4，则I4<>4；

第3步：如果I4<>4，由于行I必须得填一个4，所以就只有I7=4。

但是，C8=4的时候，我们能够很明显地看到，它会直接导致有一部分位置是错误的，即它所在的行、列、宫的20个相关格组。

盘面84就只有这两种情况出现，我们已经都考虑到了，而其他别无可能了。因此我们可以清楚地知道，链头和链尾的4，再怎么说至少有一个是正确的，只是我们不知道是哪个，所以，无论是前者还是后者成立，它们共同对应的单元格（A7、B7、C7、G8、H8、I8）上，都将不能再填4。由于其中的部分单元格已经填入了数字，而有些单元格内并不包含候选数4，所以只有A7<>4，G8<>4。

这种技巧称为摩天楼。

我们全部的推理过程形成一个思路链条；每一个“拐点”，即推理过程中每一步的开头和结尾，被称为链的节点。在这条链中，每个步骤的假设情况如果是由“不填某数”而推出“必填某数”的关系的话，我们称其为强关系；由“必填某数”而推出“不填某数”的关系的话，则称其为弱关系。如果把强关系表示成实线，弱关系表示成虚线的话，则可表示成盘面85（图13-2）。

我们可以看到，强弱关系已经很明显地表示出来了：强—弱—强。这是可以被理解的，因为在我们之前的推理过程中就是这样出现交替的：不填—填—不填—填。

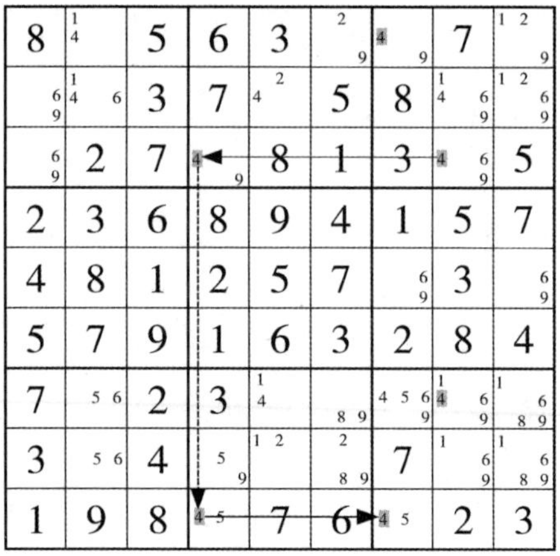

图13-2　盘面85

链的形成原则：链的强弱关系必须交替出现，而链首尾的关系是相同的，而且就目前来说，首尾必须同为强。

当然，首尾也可以同为弱，只是现在不会提及此点。现在提到的链，称为标准链，简称链，英文缩写为AIC。

另外，根据链的形成原则，我们还能得到一条推论。

如果说一条链的强弱关系必须交替出现，并且首尾必须同为强的话，那么链的形成方式就一定是强、强—弱—强、强—弱—强—弱—强等。若链的长度表示链内包含的关系数量的话，那么链的长度就一定是奇数。所以推论为：链一定是奇数长度。

我们简单地用链说明摩天楼，摩天楼就是一条长度为3，形式公式为强—弱—强的，并且强关系平行的链。

而我们从刚才的语句之中总结出来：

● 从不填到填的过程可知两数具有强关系；

● 从填到不填的过程可知两数具有弱关系。

这也被称为强弱关系第一定义。而之所以被称为第一定义，是因为它还有第二定义。但第二定义难度太大，故不作介绍，只需要记住第一定义。

我们称链假设的开头为链头或链首，称链假设的结尾为链末或链尾。

此外，链的构造原则如下：当某条链成立的时候，链的首尾两数还可以得到对应强或弱的关系，其关系由链的第一个关系决定。例如盘面85的这条链，链头C8（4）和链尾I7（4）是可以形成强关系的，这是由于整条链是强弱交替的，而以强关系开头就意味着链头是从不填某个数开始的。那么最终，根据链的推理过程，链尾是必填入某个数的。所以，我们根据这一条链，论证并得到了这一结论。

13.1.2 双线风筝

如果把摩天楼两强关系的位置关系从平行改成垂直的话，会发生什么样的情况呢？

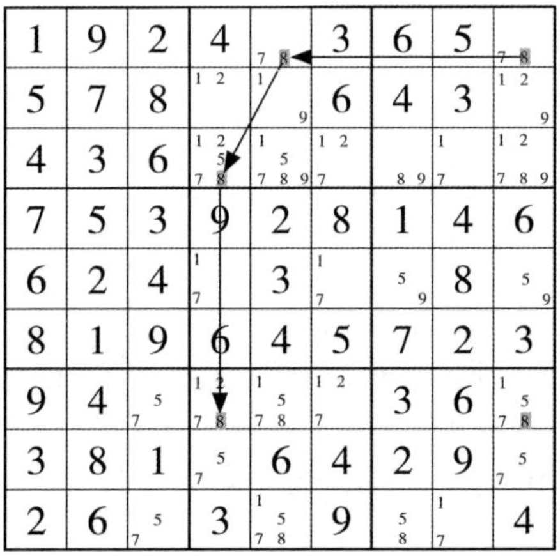

图13–3 盘面 86

如盘面86（图13–3）所示。由链的结构，我们发现：这里的强链变成垂直的了，但仍旧还是“强—弱—强”的链结构，根据链的逻辑，我们可以得到，链头A9和链尾G4共同对应的单元格为G9，所以G9<>8。推导过程如下：

第1步：如果A9<>8，则由于行A必须填一个8，所以只能是A5=8；

第2步：如果A5=8，则宫2内将不得出现第2个8，所以C4<>8；

第3步：如果C4<>8，而列4必须填一个8，所以只能是G8=8。

但A9=8的时候，一定能够得到A9的20个相关格不填8。

通过这3步的推导后，删除共同对应的部分，即G9<>8。

这种技巧称为双线风筝。它也是“强—弱—强”，但是强关系是互相垂直的。

13.1.3 多宝鱼

介绍完前面这两种链的结构后，现在介绍一种新的技巧，它包含双线风筝和摩天楼这两种结构，称为多宝鱼。

多宝鱼是专指简单的强—弱—强的链，所以它也是双强链。但它有两种特殊情况：当强关系是互相平行的时候，被称为摩天楼；当强关系互相垂直的时候，叫作双线风筝；而强关系既不平行也不垂直的情况，就只能叫一般的多宝鱼。

如盘面87（图13–4）所示，根据链的逻辑，可以得到以下内容：

第1步：C4（4）与G4（4）构成强关系；

第2步：G4（4）与G9（4）构成弱关系；

第3步：G9（4）与I7（4）构成强关系。

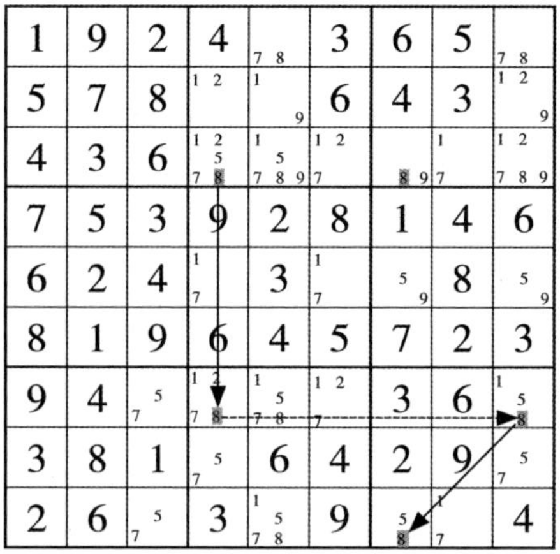

图13-4　盘面87

写成链的话，我们可以简单记作这样：

C4（4）=G4（4）–G9（4）=I7（4） => C7<>4

或者记作：

C4（4）==G4（4）––G9（4）==I7（4） => C7<>4

其中，我们用“=”或“==”表示强关系，用“–”或“––”表示弱关系，然后写出删数情况。有时候删数可以直接省略不写，即：

C4（4）=G4（4）–G9（4）=I7（4）

这样就写成了一条链。此处均是长度为3的链，后续章节会将链拓展到更长。另外在链中，省略了删数情况，后面都会省略掉这一部分，请注意。

总结：链的由来和其假设有关，强弱关系由强弱关系第一定义得到。

13.2 技巧难度总结

技巧名称	技巧难度	罕见程度	观察难度	综合难度
双强链	★★★★★★	★★★☆☆☆	★★★★☆☆	★★★★★☆
（多宝鱼）	★☆☆☆☆☆	☆☆☆☆☆☆	☆☆☆☆☆☆	☆☆☆☆☆☆

数独技巧专讲

关于链的这一个技巧，很多人都会说，它的推理过程和试数也有相似的地方。但是，实质上，它们是不同的。

首先，试数的方式是，假设某一格的某个候选数成立，然后向四周拓展来进行排除操作，最终在同一行、列、宫内得到填数相同或不能填入某个数字的错误或者矛盾；而链的出发点和试数不一样，它是按真和假的两种情况讨论而来的，只有其假的时候，才是链的真正核心部分。可见，它们俩的逻辑是不同的。

出发点不同意味着什么呢？首先，出发点不一致会导致寻找链的时候出现不同，如果采用试数的逻辑，您就会发现，试数和链的寻找其实还是存在不一致的。这也是一个很重要并且很难的点。新手往往会在这里卡住，从而一直无法提升。

在找链的过程中，我们需要“聚焦”。比如在找链的时候，我们首先应当找出强关系，然后用弱关系直接连接起来。因为弱关系的特殊性，它的逻辑其实就是排除效果。所以我们可以只找出强关系，然后尝试使用弱关系连接起所有的这些关系。当然，有时候强关系找得太多了，不一定都有用；也有时候，强关系找得太少，也不能够起到效果，这就得靠自己多做题才能锻炼出来了。

那么强关系如何观察呢？一般意义上，强关系一定产生于同一单元内只有两个相同数字。当然，在后续的内容里面，这样的说法不严谨。不过目前来说，我们可以这么去理解。这种“同一单元内仅有这两个相同数字”的特殊结构称为共轭对。为什么要提这个术语呢？因为这就能使这两个数形成强关系。因为不填a即填b，就是在描述这个共轭对的关系；而共轭对这一定义，就目前而言，也就是在描述强关系。

所以，本章讲解的技巧，其实都只是最为简单和基础的结构。希望您读完本章之后，对链能有一个全新而又更为充分的认识。

找链需要多多练习，而并不是一眼就能看出来的。大多数大师都不一定能够做到“秒速搜索”。所以，这并不是一件易事。加油啦！

CHAPTER 14

第14章 同数链和异数链

在上一章，我们讲到了三种链。因为它们都只涉及同一种候选数，所以都称为同数链。本章将继续讲述同数链。但是，同数链的长度并不一定和上一章一样都是3了，我们可以将同数链加长。

14.1 异数链的定义

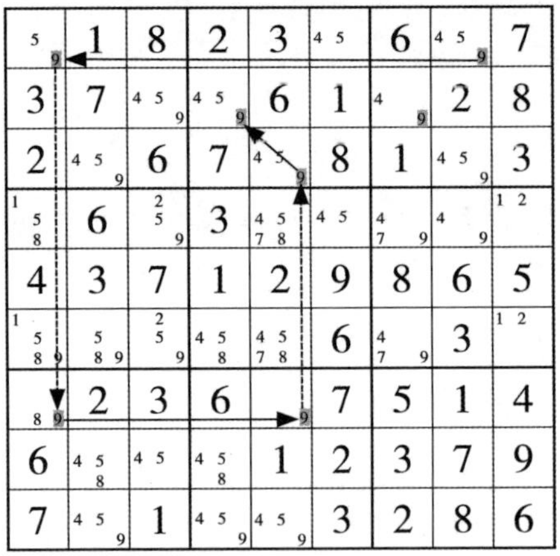

图14-1 盘面88

如盘面88（图14-1）所示，图中就表示出了一条链：

A8（9）=A1（9）-G1（9）=G5（9）-C5（9）=B4（9） => B7<>9

得到这条链之后，就可以利用唯余法得到B7=4。

上述例子就是强调的同数链，并且长度为5。如果链上出现不相同的数字，就被称为异数链。那么，涉及异数的时候，异数强关系又如何去理解和运用呢？

14.2 常见的异数链

接下来的这一节，将为您展示各种特征的异数链，它们可以为您提供各种异数链的思路。

14.2.1 二元链

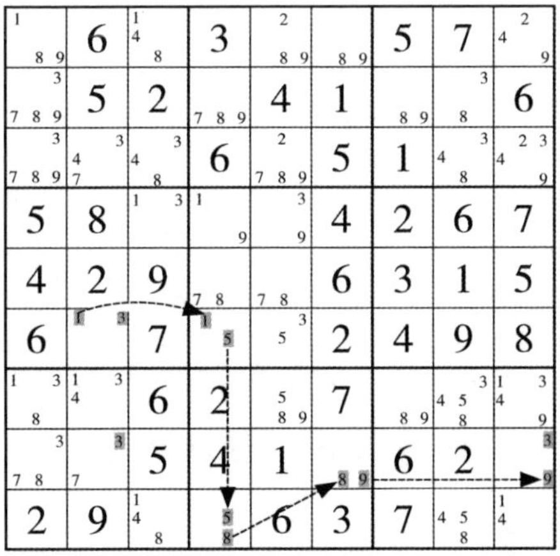

图14-2 盘面89

如盘面89（图14-2）所示，此时我们观察到，有这样一条链：

F2（3=1）–F4（1=5）–I4（5=8）–H6（8=9）–H9（9=3） => H2<>3

我们将同一个单元格内的强弱关系合并写入同一个括号内，即F2（3=1）完全等价于F2（3）=F2（1）。这是一种简易的写法。不过这条链真的成立吗？

我们之前讲到的都是关于同一候选数的链，那么不同数字之间怎么判定强弱关系呢？试想一下，在同一单元格之中就只有两个候选数*a*和*b*，那么，如果不填*a*是不是就应该填入*b*呢？就这一个单元格内来说，*a*==*b*。同理，观察单元格F2，如果不填3的话，为保证这一个单元格内必然填一个数字，这里就一定只能填1了，别无选择。所以F2（3）=F2（1）成立。同理，观察其余单元格也是如此。

根据链的逻辑，从F2（3）开始假设其不填，最终经过该链后，会得到H9（3）必填的情况，反之也成立。所以无论何种情况，链头或者链尾的其中之一会填入3，因此它们共同对应的单元格内将不得填入3，即H2<>3。

在盘面89中，链头F2（3）到链尾H9（3）的一整条链经过的所有单元格（F2、F4、I4、H6、H9），都是2个候选数，因此，它被称为二元链。二元链是一种特殊的AIC，它经过的所有单元格内都只有2个候选数。

当异数链不满足上述条件时，就是普通的异数链了。另外，异数链中，共轭对还可以指代同一单元格内仅有的两个候选数。

14.2.2　远程数对

远程数对相对于二元链更为特殊，不仅它的强关系均位于同一单元格内，而且同一条链上的所有单元格内均是一样的强关系“*x*=*y*”或“*y*=*x*”（*x*、*y*表示两种不同的候选数）。

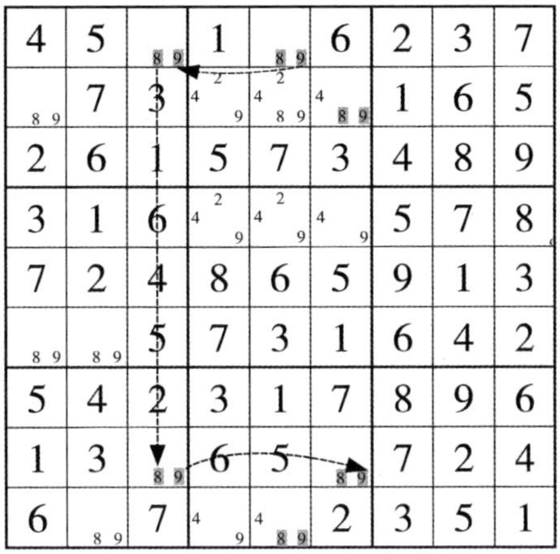

图14−3　盘面90

如盘面90（图14−3）所示。其上有这样一条链：

A5（9=8）−A3（8=9）−H3（9=8）−H6（8=9） => B6<>9， I5<>9

我们发现，这一条链的首尾都是9。根据同数链的性质，首尾共同对应的位置上的9将被删除，但是看盘面90的标注，数字8也可以删除掉。这是为什么呢？

按照链的逻辑，我们发现，这一条链最为特殊的地方是，它的链头可以换成8，于是变成了这样：

A5（8=9）−A3（9=8）−H3（8=9）−H6（9=8） => B6<>8，I5<>8

很明显，这也是行得通的，所以它也可以按照这种方式推理，这样就能删除里面的8了。因此，两者一结合，就得到了这样一条特殊的链。由于这条链本身结构的特殊性——同一条链上的所有单元格内均是一样的候选数，所以我们将其称为数对。

这里的数对和我们原本定义的数对有一点小小的区别，即这里的数对并未出现在同一个单元内，而是相隔较远。这样的数对叫作远程数对。这一技巧也称为远程数对。

远程数对有一个特殊的性质：任意一个远程数对都可以被拆成两条各自独立的同数链，而能够将两条格子独立的同数链合并在一起的一定是远程数对。由于这个特殊性质，所以盘面90中的链可以被拆分成关于8和关于9的两条同数链，如下：

A5（8）=A3（8）–H3（8）=H6（8） => B6<>8， I5<>8；

A5（9）=A3（9）–H3（9）=H6（9） => B6<>9， I5<>9。

合并在一起后，就是远程数对。因此，结论也可以合并到一起——删除掉8和9。

需要注意的是，链的长度并不一定是盘面90所示那么长，当然可以更长。

14.3 普通链

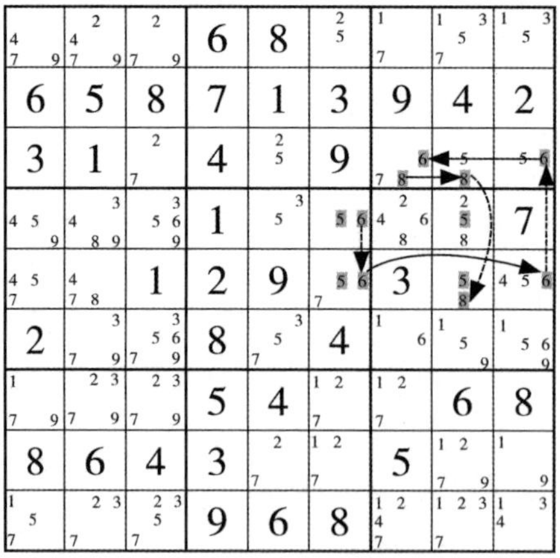

图14–4 盘面91

如盘面91（图14–4）所示。这条链看起来或许会比较复杂：

D6（5=6）–E6（6）=E9（6）–C9（6）=C7（6–8）=C8（8）–E8（8=5）=>
D8<>5， E6<>5

但是它仅仅是一条普通的异数链。删掉的是链的首尾共同对应位置的候选数。注意，首尾可以对应到2个位置上。而C7（6–8）也很好理解：当C7=6的时候，C7将不可以再填入其他的数字，所以C7一定不可以填其他的数字，包括候选数8。

那么，异数之间的强弱关系也就能够全部理解了。

14.4 首尾异数链

14.4.1 首尾异数链

如盘面92（图14–5）所示，给出链的写法：

H1（1）=A1（1–8）=A6（8）–I6（8）=I4（8–2）=H4（2）=> H1<>2， H4<>1

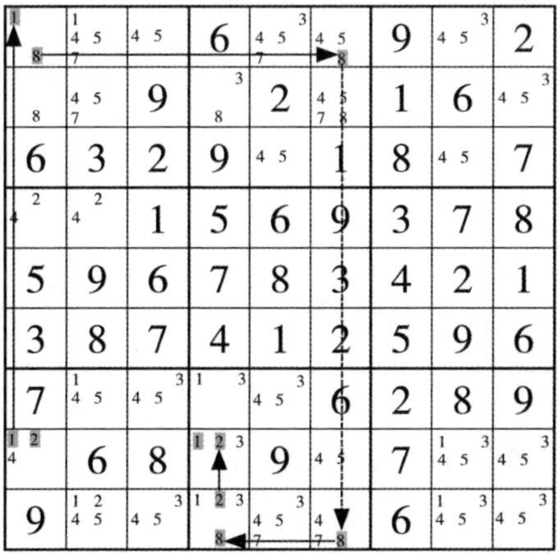

图14–5 盘面92

此时我们发现，链头和链尾变得很奇怪了：它们并不是相同的候选数。这条链删数的逻辑是怎么样的？为什么说H1就不填2，H4就不填1了呢？

我们按照最初的假设开始推理的话，就有如下的步骤：

第1步：H1<>1，由于列1必须填入一个1，所以A1=1；

第2步：A1=1，则A1<>8；

第3步：A1<>8，由于行A必须填入一个8，所以A6=8；

第4步：A6=8，由于列6不得填入第2个8，所以I6<>8；

第5步：I6<>8，由于行I必须填入一个8，所以I4=8；

第6步：I4=8，则I4<>2；

第7步：I4<>2，由于列4必须填入一个2，所以H4=2。

那么，当H1=1的时候，又应该怎么删呢？

刚才我们说到，无论哪种情况都只会导致链头和链尾只有一个必填。所以得删除掉它们共同对应的位置上的候选数，链头所在的单元格内，与链尾相同的候选数就可以被删除；链尾所在的单元格内，与链头相同的候选数也就可以被删除。H1的候选数2和H4的候选数1刚好被这条链的链头和链尾共同对应，所以可以被删除。为什么这样也可以对应得过去呢？我们不妨假设一下：当H1=1时，一定会得到H1<>2（H1已经填入数字了，所有其他的候选数都不能再填了），而H4<>1；当H4=2的时候，H4自然就不能填1了，而H1也就不能填2了。这两种情况都可以得到H1不填2和H4不填1。

这个技巧叫作首尾异数链。这很容易理解，因为链的首尾位于同一单元内。

14.4.2 不连续环删数型

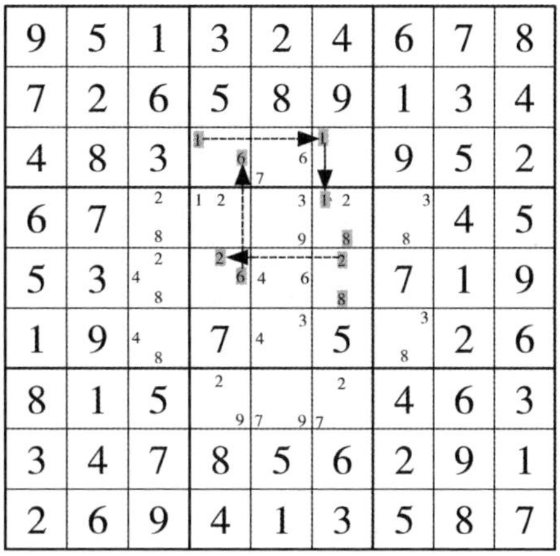

图14-6 盘面93

如盘面93（图14-6）所示，这个时候我们发现，上面的链有一点奇怪。从D6（8）开始推理，下方却接入了一个弱关系，我们来推理一下：

第1步：若D6=8，则E6<>8，则E6=2；

第2步：若E6=2，则E4<>2，则E4=6；

第3步：若E4=6，则C4<>6，则C4=1；

第4步：若C4=1，则C6<>1，则D6=1；

第5步：若D6=1，则D6<>8。即：

D6（8）–E6（8=2）–E4（2=6）–C4（6=1）–C6（1）=D6（1）–D6（8）

我们假设的开头是填入8，结果转了一圈回来，却变成了不填8。那么说明假设本身是存在问题的，那么这个假设也就应该是错的，因此D6<>8。

这个技巧名为不连续环，它需要绕一圈推理。为什么不连续呢？这是因为推理过程只能绕一圈。但这样来观察不连续环是比较麻烦的，因此我们不妨把这个不连续环看作我们之前的AIC，链表示如下：

E6（8=2）–E4（2=6）–C4（6=1）–C6（1）=D6（1） => D6<>8

D6和E6的首尾并不一致，但是也能找到对应位置。由上一节的内容可以得知，E6（8）和D6（1）共同对应的数字是D6（8），因此D6（8）能够被删除。这称为不连续环删数型，因为它只能得到删数的结论。

14.4.3 不连续环出数型

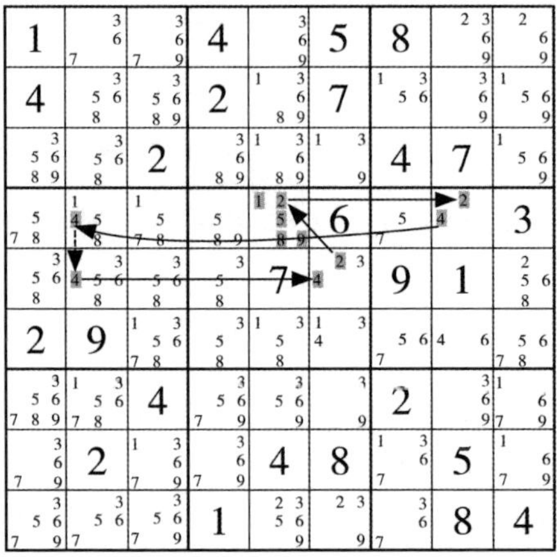

图14–7 盘面94

D5（2）=D8（2–4）=D2（4）–E2（4）=E6（4–2）=D5（2） => D5=2

如盘面94（图14–7）所示，D5（2）最早假设的不填2，但是转了一圈发现D5（2）需要填2。结论与假设不一致，说明假设是错的，因此D5需要填2，即D5=2。当然，D5（1589）就都错了。

这称为不连续环出数型，因为它可以得到出数的结论。

我们仔细观察不连续环删数型和出数型这两种结构，它们都是标准的

AIC。盘面93的删数逻辑是删掉两个数共同对应的位置，而我们知道，对应过去算作弱关系，所以我们说这叫“两弱必假”，即这样的两个弱关系就可以删掉候选数了；而盘面94的例子则和前者反过来，变成了两个强关系，它是能够出数的，因此这可以称为“两强必真”。因此，所有AIC的逻辑最终都可以化为“两强必真，两弱必假”。也就是说，真表示必然填入的情况，而假则表示不填入的情况。

14.4.4 链的三角构型

前面讲到了不连续环的两种类型：一种是删数的，另一种是出数的。那么，我们将这两种结构拓展至全局，到普通链之中，即无关链的首尾是否同数，来看看这种逻辑是否也能成立。

第一种结构是删数。那么拓展到链之中，就必然需要下面给定的条件：

设a、b、c是三个暂无关联的部分，它们可能同数，也可能不同数。如果a==b、a--c、b--c，那么c一定可以被删除。

我们将这个条件画为一个三角形结构，如图14-8所示。

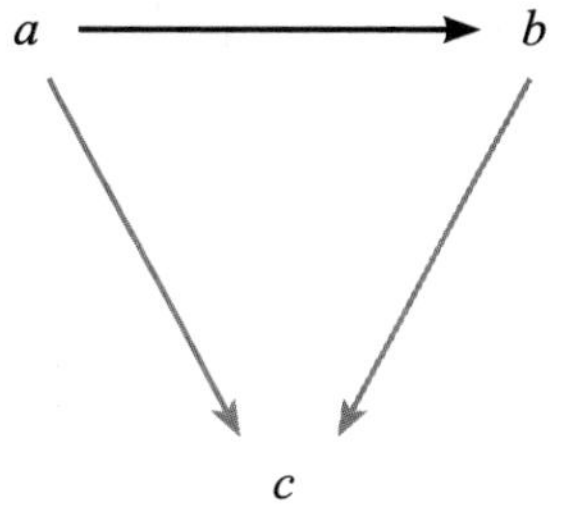

图14-8　三角构型①

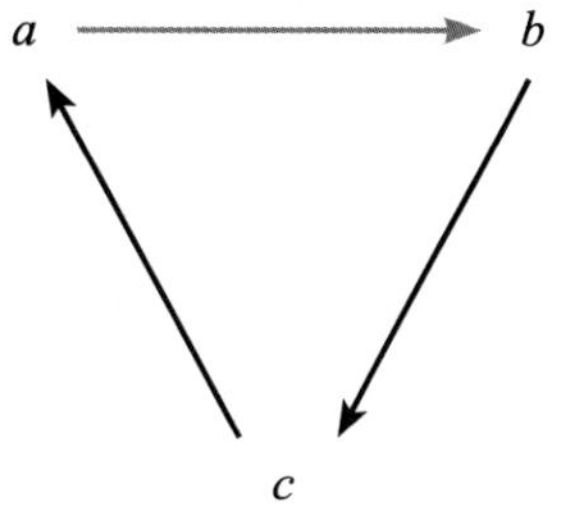

图14-9　三角构型②

图中用深灰色箭头表示强关系，浅灰色箭头表示弱关系。按照这样的结构，描述应该是这样的：由于链a==b成立，所以删除a和b共同对应的部分c。

那么问题出现了：为什么这里可以说a对应到c就是a和c有弱关系呢？这是因为，a对应到c在这里的意义是，当填入a的时候，可以删除c，这刚好满足弱关系的定义，所以a--c。同理，b--c也是成立的。

那么，删数就应当是链头和链尾共同对应的部分，也就是图14–8的表述方式。同理我们再来观察图14–9。

这个图将图14–8内的关系全部反转了一下：强关系变为了弱关系，而弱关系变为了强关系。只是有一个箭头方向反了，即c==a。

我们尝试理解一下：这一条链的逻辑应该为c==a--b==c。这满足AIC的写法和逻辑，只是刚好链的头尾是一样的，都是c。那怎么去删数呢？因为链的头尾完全一致了之后，删数就应当是它自己和自己的交集。也就是c所在的行、列、宫的那20个相关格，以及包含c所属单元格在内的其余候选数。这些都是c能够对应到的部分。因此，删数就是它们了。也因此，当前单元格是c。

这便凑成了出数的逻辑。

所以，我们论证了在上一节最后提出的“两强必真，两弱必假”的说法。

链的删数是离不开这两个三角构型的，请自行理解和运用，只有这样，AIC才能使用得更加灵活和精彩。

14.5 不规则匹配法

接下来的内容，不必去记它的名字，但是需要记住它的核心思想——链。这一节就是为异数短链进行的一些拓展，大家可以尝试理解它的逻辑思路。一般来说，这些不规则匹配法的中文名都是不常用的，常用的是英文名。由于它们的环结构很具有研究性，因此出现了各式各样的不规则匹配法，这就是它们存在的意义。环结构的知识点也将在后续的内容中说到。

14.5.1 首尾数对匹配法（W-WING）

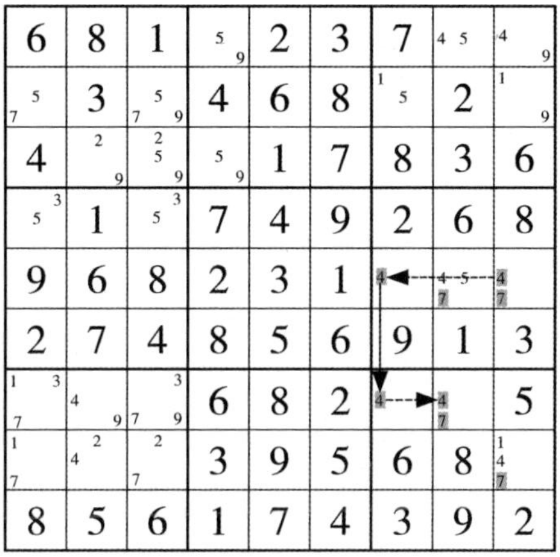

图14-10 盘面95

如盘面95（图14-10）所示。这个时候我们发现，如果把E9的候选数7作为链头，它会和在同一单元格内的候选数4构成强关系，然后E9（4）会和E7（4）构成弱关系，E7（4）会和G7（4）呈强关系，G7（4）会和G8（4）呈弱关系，G8（4）会和G8（7）构成强关系。

写成链后便成了这样：

E9（7=4）–E7（4）=G7（4）–G8（4=7） => E8<>7， H9<>7

根据链的逻辑，可以直接删除掉E8和H9的候选数7。

这种技巧称为首尾数对匹配法。它形如“*x*=*y*–*y*=*y*–*y*=*x*”，其中*x*和*y*表示两种不同的候选数。一共有6个节点，长度为5。因为涉及不同的候选数字，所以它属于异数链。

那么，我们来思考一个小问题，这种数对加简单链的“特技”能否将E8和H9的{47}一并删除掉？也就是说，E8和H9的候选数4是否也能删除？这个问题的答案是否定的，至于原因请自行思考。

另外，图中的首尾数对匹配法还可以有如下走向，这同样是可行的：

E9（7=4）–A9（4）=A8（4）–G8（4=7） => E8<>7， H9<>7

14.5.2 隔一数对匹配法（M–WING）

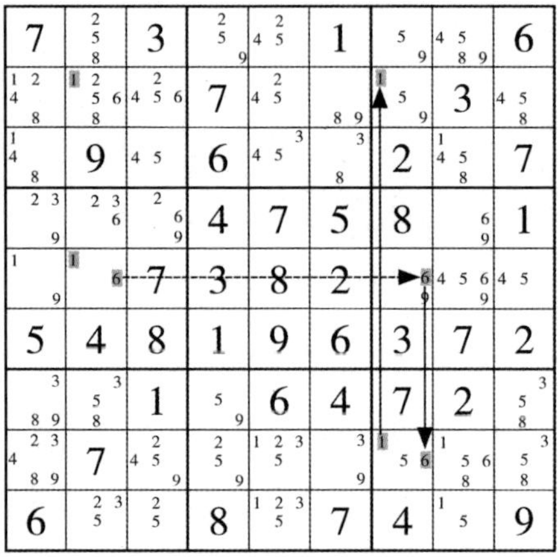

图14–11 盘面96

如盘面96（图14–11）所示。链表示如下：

E2（1=6）–E7（6）=H7（6–1）=B7（1） => B2<>1

这条链很简单，当E2<>1的时候，会得到B7=1。

抽象出结构，我们会发现，有两个{16}，并且它们之间隔了一个候选数作为桥梁。所以它称为隔一数对匹配法。

14.6 技巧难度总结

技巧名称	技巧难度	罕见程度	观察难度	综合难度
同数链	★★★★★★ ★☆☆☆☆☆	★★★★☆☆ ☆☆☆☆☆☆	★★★★★☆ ☆☆☆☆☆☆	★★★★★☆ ☆☆☆☆☆☆
不连续环	★★★★★★ ★☆☆☆☆☆	★★★☆☆☆ ☆☆☆☆☆☆	★★★★★★ ☆☆☆☆☆☆	★★★★★☆ ☆☆☆☆☆☆
不规则匹配法	★★★★★★ ★☆☆☆☆☆	★★★★☆☆ ☆☆☆☆☆☆	★★★★☆☆ ☆☆☆☆☆☆	★★★★★☆ ☆☆☆☆☆☆

数独技巧专讲

应该如何去找异数链呢?

异数链是同数链变化得到的。不同点在于，数字关系变化为异数之间的关系了。这里讲到的异数间的关系还是比较简单的，因此做题过程中也是相对比较好找的。

首先，我们需要观察到某一个“双值格”，就是某一单元格内就只有两个候选数的情况，这样一定是有强关系的，然后去寻找行列上的强关系，最后，使用弱关系将它们依次连接起来，构成链。需要注意的是，链结构成立不代表一定有删数。所以在观察链成立过后，我们需要做的是，查看共同对应的部分是否真的有删数。如果有删数，链就可以使用了。

CHAPTER 15

第15章 区块组链

之前讲到了同数链和异数链的所有情况，但这并不是链的全部。

15.1 空矩形

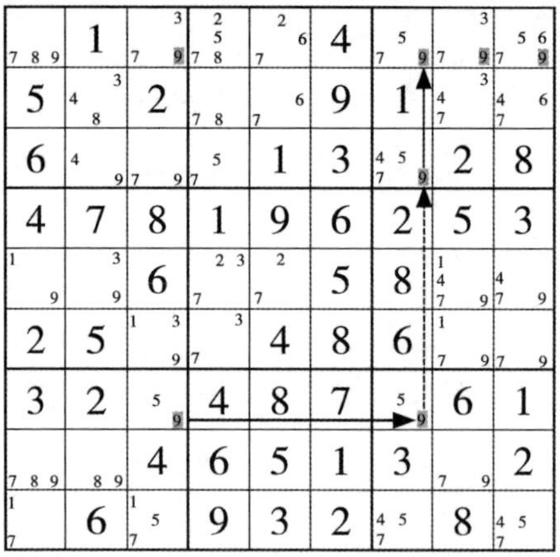

图15-1 盘面97

如盘面97（图15-1）所示，此时有一条链被我们找到，但是该链并不像之前的那么“规范”。链的表示方法如下：

G3（9）=G7（9）-C7（9）={A7， A8， A9}（9） => A3<>9

此时发现，根据链的逻辑，假设链头的位置不填，即假设G3不填9，开始推理，推到C7不填9的时候，就推不动了。

我们会发现，在宫3里，有4个单元格可以填9，依次是A7、A8、A9、C7。C7已经被我们的假设占用，所以就只剩下A7、A8和A9了。巧合的是，它们刚好同时属于行A，因此我们不妨把它们捆绑起来，看作一个部分，就能这样理解：当C7不填9时，由于宫3内必须得填一个9，所以{A7，A8，A9}这个部分内必有一个单元格会填入9。由于它们同属于行A，所以行A的其余单元格内将不得填入9。

链是没有方向的，可以逆向推理。所以我们逆向推理一下：当这个部分内不填9时，由于宫3内必须得填入一个9，所以只能是C7填9，然后G7不填9，接着是由于行G的G3（9）和G7（9）组成强链，所以G3填9。

两个方向的推理得到的是一样的结论：要么链头填9，要么链尾填9。但是无论如何，都得填一个9，所以它们共同对应的位置上将不得填入9。此处的链尾是一个奇怪的部分，它由A7、A8、A9共同组成。此时我们将其捆绑在一起，称其为一个组。链尾（组{A7， A8， A9}）和链头（单元格G3）共同对应的部分将不得填入9，也就是C3<>9。

这种技巧被称为空矩形。它的结构是“组{a，b， …}x=x–x=x”。x表示某个候选数。结构中的链头或链尾必定出现一个组，这里用a、b等字母代表单元格。

当AIC中的某一个节点变成一个组后，它就将被定义为区块组链。将一个组的所有单元格列在一起，用逗号隔开，并用花括号“{}”把所有单元格括起来，表示一个组。例如前面的A7、A8、A9为一个组，就直接写成“组{A7， A8， A9}”。

当链这种技巧配套区块摒除法时，就会产生一种新的链，它称为区块组链，或简称区块链。需要注意的是，结构在此处的强关系标注是有点奇怪的，即“列7” 上的强关系。之所以打引号，是因为在软件标注过程中，强关系只能画在两个数字之间，所以巧合地标注在了列7上，但请注意，这个强关系是产生于宫3的。

15.2 普通区块链

下面这个例子（图15–2），请自行推理其过程，此处仅给出链的表示方法。

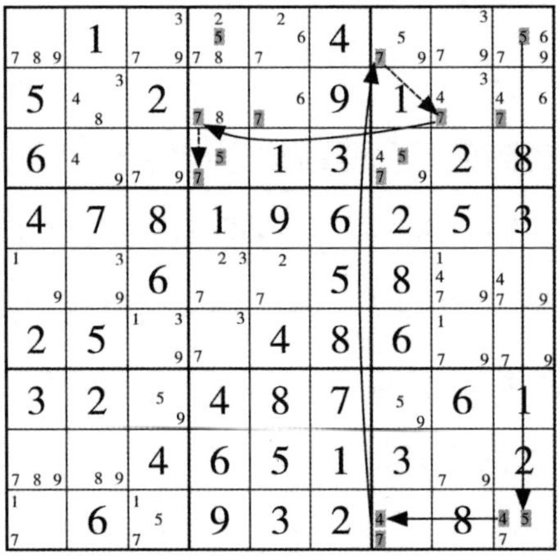

图15–2　盘面98

A9（5）=I9（5–4）=I7（4–7）={A7， C7}（7）–{B8， B9}（7）={B4， B5}（7）– C4（7=5） => A4<>5， C7<>5

此外，此链可以简写为：

A9（5）=I9（5–4）=I7（4–7）=AC7（7）–B89（7）=B45（7）–C4（7=5） => A4<>5， C7<>5

简写规则为，行列相同的可以省略到只出现一次，然后合并写在一起。

15.3 技巧难度总结

技巧名称	技巧难度	罕见程度	观察难度	综合难度
区块组链	★★★★★★ ★☆☆☆☆☆	★★★★★☆ ☆☆☆☆☆☆	★★★★★★ ☆☆☆☆☆☆	★★★★★★ ☆☆☆☆☆☆

CHAPTER 16

第16章 活用唯一矩形

之前讲到的技能并不足以把唯一矩形的使用推向高潮状态，这一章将为您讲解唯一矩形的一些额外使用方式。

16.1 残缺唯一矩形

这一节将会讲解UR技巧的各种残缺情况。

16.1.1 残缺标准型

			ab		*ab*			
			ab		*abc*			

图16-1 盘面99

我们用盘面99（图16-1）的简图来表示之前讲到的UR标准型，其中的a、b、c表示1~9中3种不同的数字。根据UR标准型的假设，那么就会有如下的表述方式：

- 若F6=a时，F4=b、C6=b，则C4=a，此时致命；
- 若F6=b时，F4=a、C6=a，则C4=b，此时致命；

故F6=c。

我们发现，推理过程中，两种情况都会导致致命，所以都是错误的，因此C6（ab）都应该排除。

如果缺失其中的一种情况，这一推理是否还成立呢？是的。

当C6缺失a和b任意一个时，就只存在其中的一种情况了，但是为什么依然是能够致命的呢？我们可以将之前删掉的候选数补上去，补齐这个UR，而添加任何候选数对于数独盘面来说是不受影响的，因为答案就决定了我们只能填入哪些数字进去。也就是说，任意一个数独盘面，所有单元格上都只有其中的1个候选数是正确的，而其余候选数的存在是毫无意义的，它们只是为我们提供了假设推理的思路，慢慢地根据推理来删除这些错误的候选数。

有一些候选数不能直接被删除。那么，反过来，有的候选数被删除了之后是可以添加回来的。为什么呢？我们需要知道一点，结构内这些缺失的候选数一定是我们之前删除过的数字。那么就可以补全结构。

于是，当补全结构后，我们发现两种可能情况，它们是完全可以互换的，并且都可能成立。所以说，原来的这个UR是成立的，而这种缺失部分候选数但仍能够成立的UR称为残缺唯一矩形。下面将给出一个这样的例子（图16–2）。

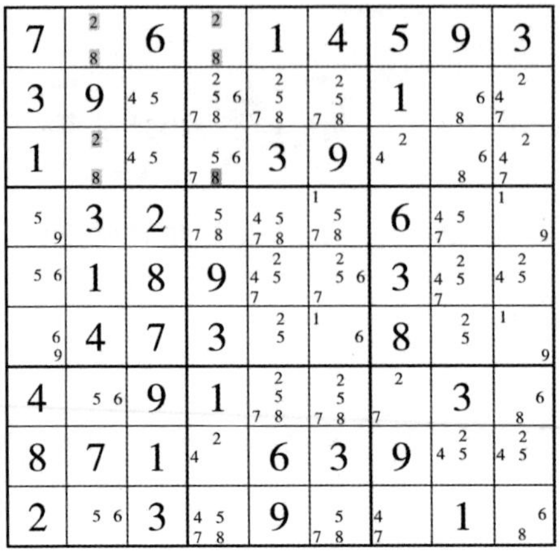

图16-2　盘面 100

如盘面100所示，有一个残缺标准型UR。虽然C4缺少了数字2，但是我们仍然能够推理：假设C4=8；那么C2=2，A2=8，A4=2。这样就会变成致命结构，因此不成立。因此，C4<>8。

16.1.2　残缺待定数型

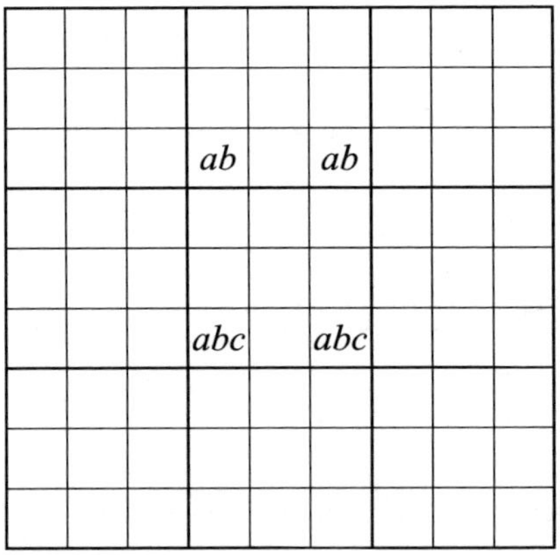

图16-3　盘面101

如盘面101（图16-3）所示，这是一个标准的待定数型UR的简图。我们原来的推导过程是这样的：如果F4和F6的这两个*c*全部是错误的话，就会得到两种关于*a*和*b*的致死形式，这是错误的，所以其中必然有一个*c*是正确的。现在我们利用标准型类似的方式来假设推理。

由于F4和F6拥有完全一致的候选数，因此我们任选一格作为开头进行如下的推导过程（此处以F4作为开头）：

- F4=*a*的时候，得C4=*b*，于是C6=*a*，若此时F6=*b*则致命，故F6=*c*；
- F4=*b*的时候，得C4=*a*，于是C6=*b*，若此时F6=*a*则致命，故F6=*c*；
- F4=*c*。

所以必然有F4（*c*）或F6（*c*）成立。

我们发现，其中的假设条件可以任意去掉1个，UR仍然是成立的。这是我们利用UR标准型的推理办法得到的结论，而之前说的“*c*不可同时错误”的情况是无法得到残缺待定数型UR的。当得到了残缺待定数型UR后，就可以利用“*c*不可同时错误”的观察方式来看了。下面给出一个待定数型的例子（图16-4）。

46	**3**	**2**	**7**	**1**	45	69	689	5689
15	89	89	**6**	**2**	**3**	**7**	15	**4**
156	467	567	**8**	45	**9**	**3**	16	**2**
4689	**2**	4689	**5**	**3**	478	**1**	679	679
7	459	**1**	**2**	49	**6**	**8**	59	**3**
3	689	5689	**1**	789	78	**4**	**2**	5679
2	5678	**3**	**4**	5678	**1**	69	6789	6789
4568	**1**	45678	**9**	5678	578	**2**	**3**	678
689	6789	6789	**3**	678	**2**	**5**	**4**	**1**

图16-4 盘面102

如盘面102所示，如果C1（6）和C8（6）同时错误的话，就会得到一个关于1和5的残缺标准型UR，它仍然是会出现致命形式的，所以也是错误的。因此，C1（6）和C8（6）必然有一个成立。但是无论是哪一格填6，行C都将不能再填入6了。因此，行C的剩余单元格内都不能填6，所以，C23<>6。

请尝试找到盘面102（图16-5）的残缺标准型UR。

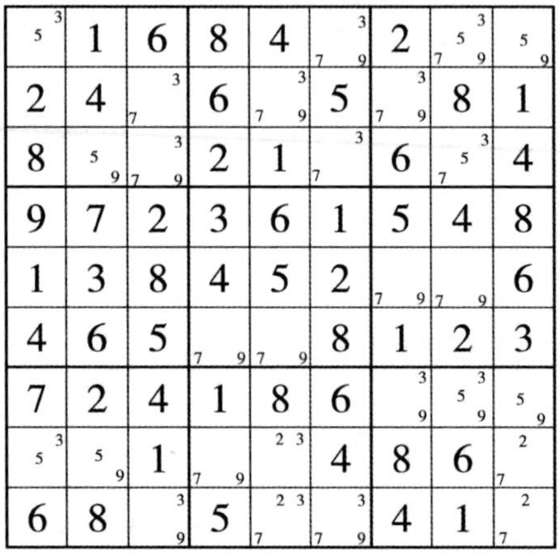

图16-5　盘面103

16.1.3　残缺对角待定数型

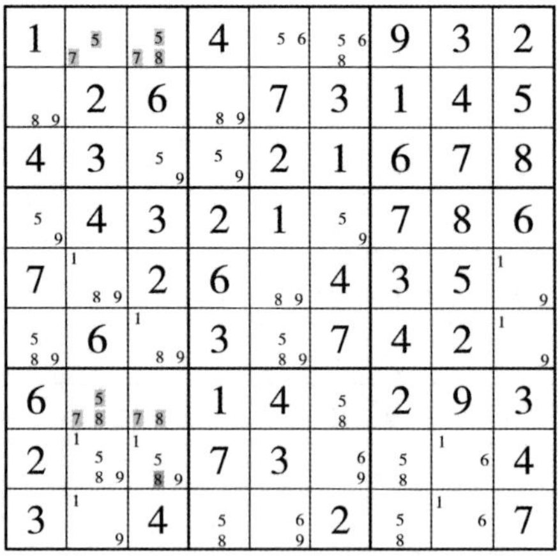

图16-6　盘面104

如盘面104（图16-6）。类型2B残缺情况：残缺G3（5）。但是逻辑也是比较清晰的：当三个8同时去掉后，盘面出现残缺的5和7，导致致命。

16.1.4 残缺待定数组型

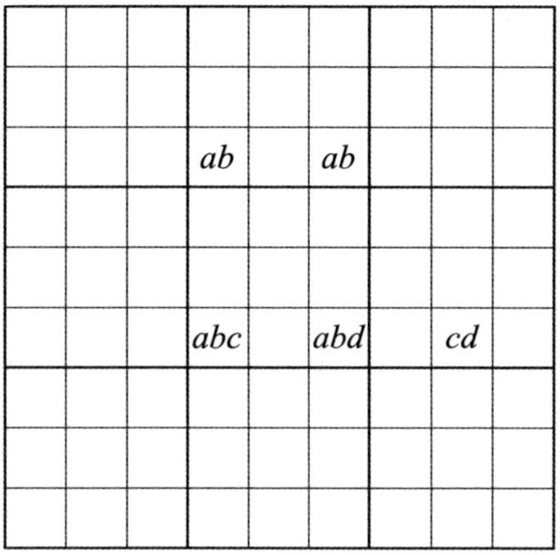

图16-7 盘面105

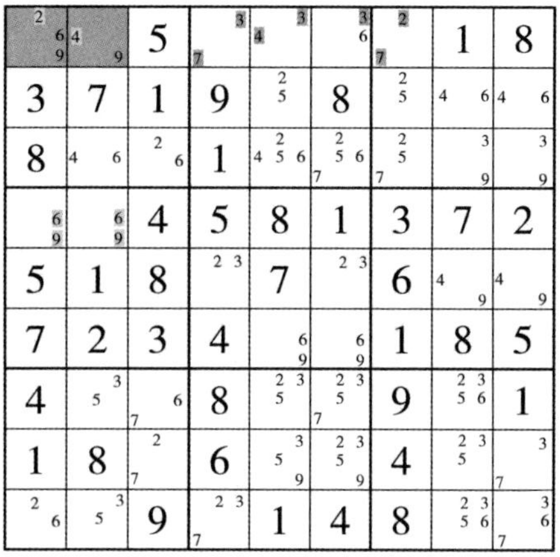

图16-8 盘面106

如盘面105（图16-7）所示，这是一个UR待定数组型，旁边有一个单元格F8只有2个候选数{*cd*}。我们进行类似于残缺待定数型的推导方式，依然能够得到F4（*c*）和F6（*d*）的其中之一成立，而另一种情况能够被去掉。请自行推理，并论证盘面106（图16-8）中的A6（3）可以被删除。

16.1.5 残缺同侧强数型

同侧强数型UR在讲解时用的篇幅很大，因为它不得不去转一圈推理。我们来回顾一下推理过程。

如盘面107（图16-9）所示，F4和F6这2格存在候选数*a*、*b*和一些其他的候选数（图中用*x*表示，也可以没有），并且行F内只有F4和F6这2格内可以填数字*a*，按照链的逻辑，其实也就是F4（*a*）=F6（*a*）。当假设F4=*b*时，由于行F的*a*的共轭对，会得到F6=*a*，这样就会致命。反过来，当F6=*b*的时候，由于行F的*a*的共轭对，最终会得到F4=*a*，这样也会致命。所以说，这两个候选数*b*全部都是错误的。

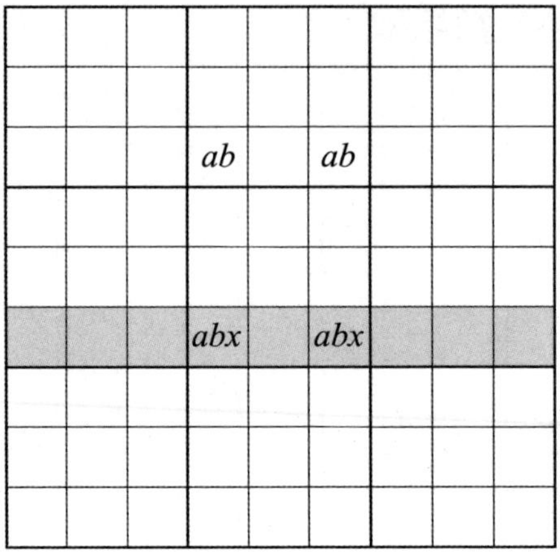

图16-9 盘面107

在证明过程中，由于*a*的强关系，这2格的其余候选数就都没有用处了。因此，该结构仅仅需要满足的是：F4（*a*）=F6（*a*），并且C4、C6有且只有候选数{*ab*}。下面就将举一个示例说明。

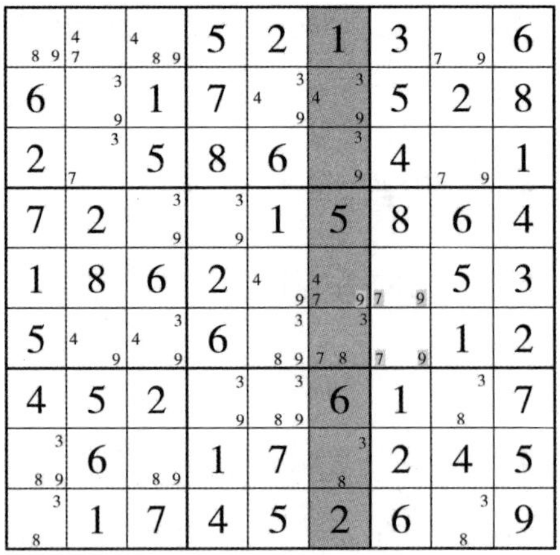

图16-10 盘面108

如盘面108（图16-10）所示，它满足了上述条件，因此是完全可行的，所以E6（9）是可以去掉的。

类型2B和类型4B由于是类比类型2A和类型4A推导出现的新类型，因此这里可以使用类型2A和类型4A的推导逻辑进行推导，此处不再赘述。

16.1.6 残缺二链列型

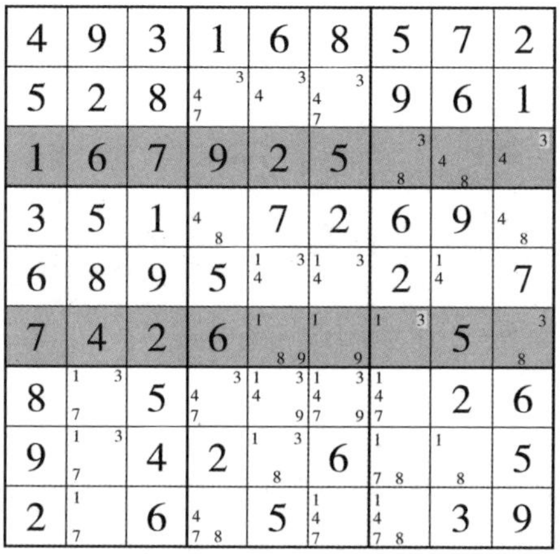

图16-11 盘面109

如盘面109（图16-11）所示。类型4B的残缺情况：残缺C9（8）和F7（8）。注意标注阴影的行C和行F内有3的共轭对。共轭对就意味着填数状态是一对一错。

16.1.7 残缺正交强数型

如盘面110（图16-12）所示，这是一个隐性唯一矩形（类型4C）的结构简图。其中，F4所在的行和列均存在*a*的共轭对。按照以往的分析模式，就分成两种填数情况分析，但不管哪一种，最终都能排除掉F4（*b*）。一种情况是防止唯一矩形致命排除的F4（*b*），另一种则是占位删除的F4（*b*），因此此时F4（*b*）必然错误。

我们来剖析一下这样的结构。

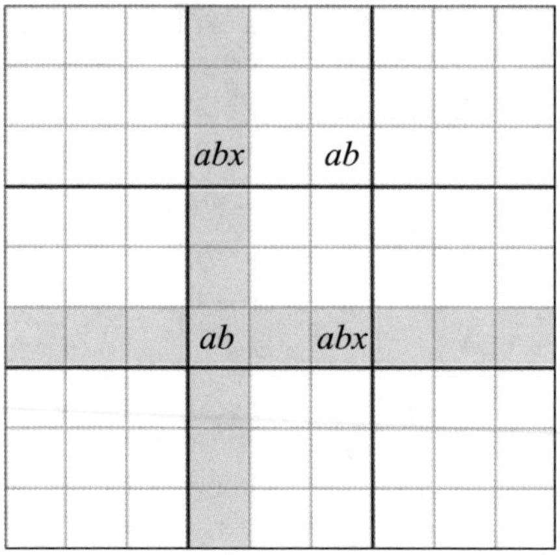

图16-12　盘面110

当存在着这样的关于a的共轭对，并且C6仅有候选数{ab}的时候，就会出现盘面110所示的这种结构。那么必然可以删掉F4（b）。那么图中标注黑色的候选数将可以直接在残缺过程中去掉不管。因为它们在假设中完全没有被用到。“去掉不管”仅仅是指，结构用不上它们，而并不是可以删除。

我们来看一个示例。

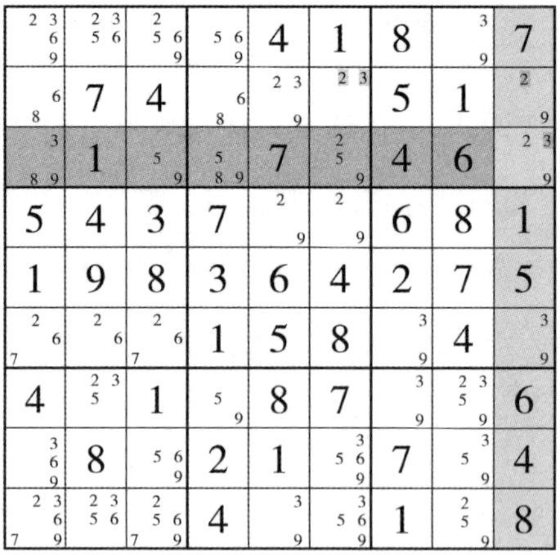

图16-13　盘面111

如盘面111（图16-13）所示，按照以往的分析模式，我们能够发现的是，

C9（2）在行C和列9上均有2的共轭对。这就意味着，这三个候选数2的填数状态最终只有两种情况：C6=2且B9=2，以及C9=2。

- C6=2且B9=2的时候，B6只能填3，那么根据唯一矩形的排除方法，C9<>3；
- C9=2的时候，直接把C9的填数占了，所以C9当然不为3。

这个就是正交强数型的简略情况，不管有多少候选数，只要满足了残缺的条件，就可以使用。

在编程中，数独逻辑解题程序也会利用这样的条件来查找数独盘面内的所有正交强数型结构。

16.2 死锁唯一矩形

死锁唯一矩形是非常特殊的一种矩形。它的逻辑是“因出现其中一个数字在UR结构中而需要防止第二个数字同样存在于其中”，也就是“死锁”的含义。

16.2.1 标准型

如盘面112（图16–14）所示，这是一个唯一矩形的结构，不过我们不按照UR的方式来推理。

我们发现，2的位置在此结构内已经形成了二链列结构。那么，如果5的位置也在此结构内形成二链列结构的话，一定会构成致命形式的。这是因为，不管从哪个方向看，一旦形成二链列，2和5就会在结构内构成隐性{25}数对，这样的话，肯定会构成2和5的双解致命结构。因此，要避免它的出现。我们观察

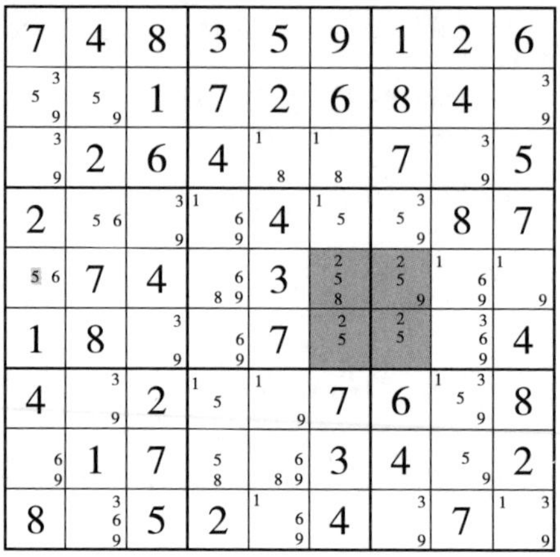

图16-14　盘面112

到5所在的行上，存在额外的候选数5。因此，E1=5。

这个就是死锁唯一矩形的标准型。

16.2.2　待定数型

在上一例中我们看到了死锁的真正含义。它也有待定数型。

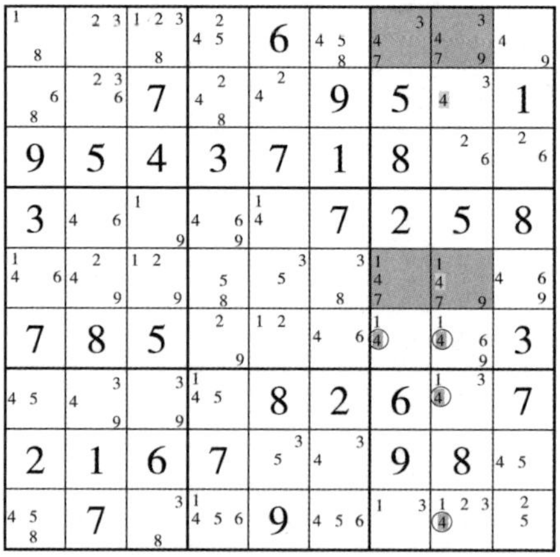

图16-15　盘面113

如盘面113（图16-15）所示，7的位置构成了二链列，所以要防止4也出现二链列而致命，所以观察列7、列8，加圆圈数字就必然至少有一个位置是

4，否则出现致命。因而，删除这些加圆圈数字的交集，即E8<>4。这个就是待定数型。

16.2.3 LUR 的逆用——直推唯一矩形

如盘面114（图16–16）所示。不妨设A2=5，得到I2=7，随后得到I1=5。但是观察A1，没有强关系能够说明A1=7而致命，那么就借助排除法。

我们观察到，推理过程之中，I2=7。那么，列2就不能再出现其他的7了。这个时候观察宫1，发现就只有A1能够填7了，因此A1=7。此时就会出现致命。

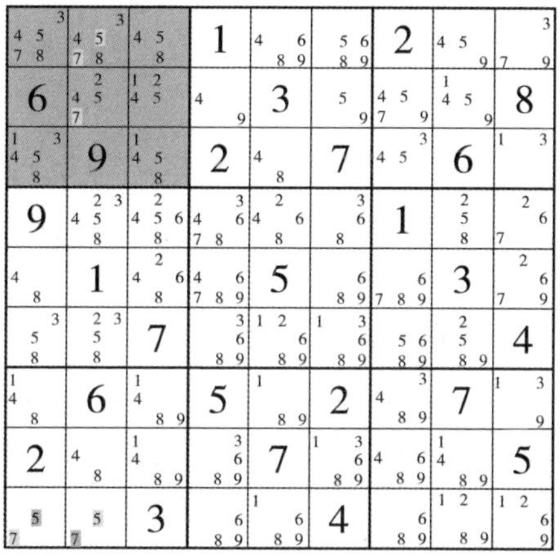

图16–16　盘面114

在证明过程之中，我们是使用了排除法的。因此这个技巧叫作直推唯一矩形。那么为什么说它是LUR的逆用呢?

不妨简单观察一下标准型和待定数型的例子，您会发现，它其实是可以反过来看的。而反过来看的时候，就需要利用排除法对额外的数字进行排除，从而证明出结构致命。

此处列举出待定数型的逆用的观察角度。

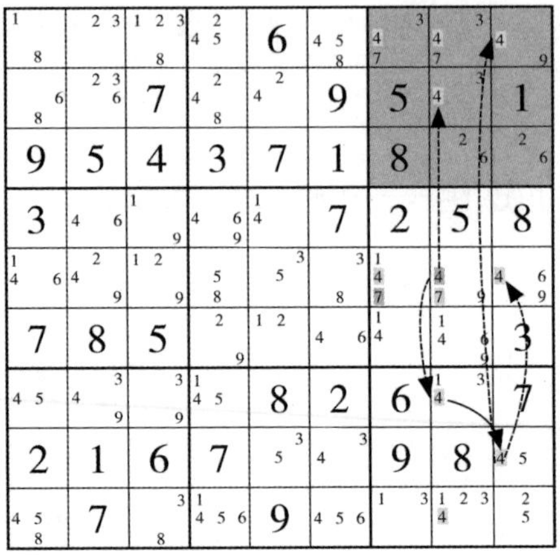

图16-17　盘面115

如盘面115（图16-17）所示。显然这样观察是不大轻松的，这时LUR就起到了很好的效果。

在观察的时候，需要仔细观察排除的删数，因为这样的UR是不容易观察到的，即使结构非常简单。

16.2.4　死锁唯一矩形和链的交织

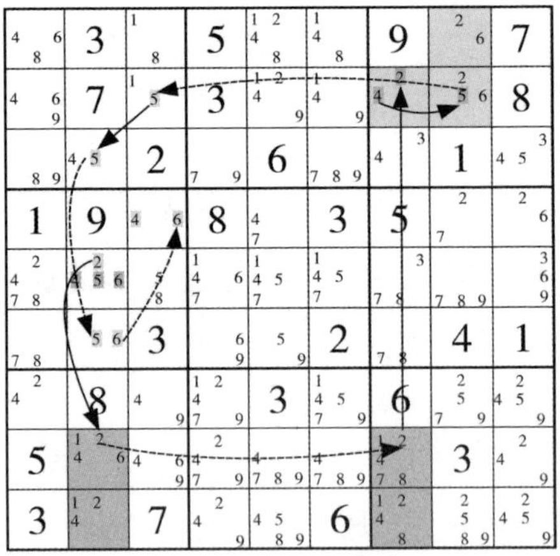

图16-18　盘面116

如盘面116（图16-18）所示，这是一条AIC，它的写法如下：

E2（2）=HI2（2）–HI7（2）=B7（2–4）=B8（5）–B3（5）=C2（5）–F2（5=6）–D3（6=4）=> E2<>456

我们观察到，这条链到达矩形结构HI27的时候就不好理解了。它的逻辑其实是这样的：

假设E2<>2，得到HI2=2，这个区块刚好位于这个唯一矩形之中。那么，不管哪格是2，剩余的那一格都一定是1。因为候选数1在其列上也只有这两个位置可以填入。观察结构右边两格（HI7），1实质上是构成了死锁的（即形成了二链列结构）。那么，根据逻辑，2一定不能存在于其中，否则1和2均死锁于矩形结构之中，必然导致双解致命。因此，HI2（2）–HI7（2）。明白了这里后，链的结构就好理解了。剩下的就是ALS和一些直接推理了。

最终，删数是E2（456）。原因是链可以在C2（5）就结束，此时删数为E2（4）；也可以在F2（6）结束，此时删数为E2（6）；也可以是在D3（4）结束，此时删数为E2（5）。

综上所述，删数便为E2（456）了。

这样，这条链的逻辑和删数就理清楚了。

16.3 技巧难度总结

技巧名称	技巧难度	罕见程度	观察难度	综合难度
死锁唯一矩形	★★★★★★ ★☆☆☆☆☆	★★★★★☆ ☆☆☆☆☆☆	★★★★★★ ★☆☆☆☆☆	★★★★★★ ☆☆☆☆☆☆

数独技巧专讲

这一节为您展示的是，各种活用唯一矩形的方法和它的逻辑寻找。

首先，死锁唯一矩形，其实就是普通的唯一矩形结构，不过它是真正意义上的隐藏版本。因为，它需要观察某一个候选数以及死锁。至于原本的唯一矩形结构，其实是很好观察的：随机找到四个单元格，都含有某两种候选数，它就有可能是唯一矩形结构了。只是说，它能否被利用起来。

至于如何利用，取决于做题者的思路和逻辑。那么就得看看这里运用的活用版本，是否仍然可以使用。

直推唯一矩形就相当于唯一矩形加了一个排除法的使用，这需要更加严谨的思维和更加明亮的眼睛来看技巧。

后面稍微难一点的技巧，就不能用直接观察的方式了，那么就只能根据原理和逻辑判断。熟练了之后才能够灵活运用它们，这也是一大难点。再加入链中，就更为隐蔽了。我们最先的思路还是去采用构造的方式。先判断活用唯一矩形的结构内是否产生强关系和弱关系、是否正确、如何使用，再利用强弱嵌套到链里面去。这样就可以了。

如果逻辑实在不通，可以采用数学上的命题和逻辑方式思考一些新的逻辑出来。我们一直赞同自己思考问题、发现问题和解决问题。

CHAPTER 17

第17章 融合式待定数组的拓展

这一章我们会从一个老话题展开——SDC，即融合式待定数组。这里将会进行拓展，并进行结构的分析。

17.1 隐性融合式待定数组

在数组的讲解之中，我们了解了显隐性互补的定理，讲到待定数组法的时候，它也有显隐性。而接下来讲的一种观察方式，是SDC的隐性观察方式——占位法。

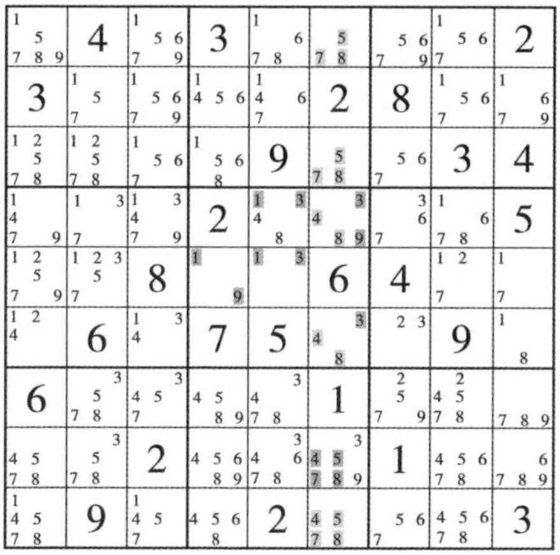

图17-1　盘面117

如盘面117（图17-1）所示，这是一个清楚、简单的SDC，它位于宫5和列

6，分别涉及候选数1、3、9和候选数4、5、7、8。

结构涉及7格，分别是A6、C6、D6、E4、E5、F6、I6。其中，融合的单元格为D6和F6。根据SDC的逻辑，D6和F6的其中一格是{39}，而另外一格则是{48}。不管怎么填，最终都会出现关于4、5、7、8的四链数和关于1、3、9的三链数。因此可以根据数组唯余法删除掉数组对应的区域。

不过这个结构始终看起来不那么顺眼。因为结构一共占7格，并不是那么容易被观察到的。那么，有更加简单的观察方式吗？接下来就讲一下它的互补情况。

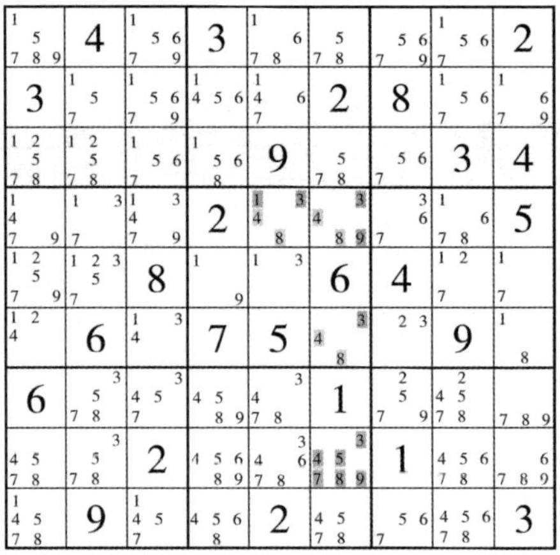

图17-2　盘面118

如盘面118（图17-2）所示，这同样也是一个简单的SDC结构。不过比起盘面117来说，要难理解一点，即使结构规模更小了。

很显然，这个结构同样还是涉及宫5和列6。一个是待定数对{48}，另一个则是待定数对{39}，结构的融合部分同样还是D6和F6。按照SDC逻辑看看是否行得通。

将D6和F6的所有填数情况划分为4种，即：D6={39}、F6={39}，D6={48}、F6={48}，D6={39}、F6={48}，D6={48}、F6={39}。

很明显，前两种可以直接被排除，因为结构是不允许同时这么填的，否则一定会出错。那么就只能是其中一格填{48}，另一格填{39}了。

很显然，宫5会出现一个数对{48}来进行占位（即隐性数对），列6也会出现一个隐性数对{39}。目前还不能确定这个隐性数对最终是D5和D6还是D5和F6，但能知道的是，D5是必然会涉及的。那么，D5就可以根据隐性数对的方式来进行删数；同理，H6也是如此。

这个就是关于SDC的隐性观察方式。

17.2 多度融合式待定数组

在之前的待定数组一节中，我们讲到了融合式待定数组，不过讲了两个类型，一个是标准的SDC，另一个则是多出来了一个待定数字，但是占了3格。按理说，它其实应该叫作二次待定数组，只是这个“二次待定数组”是一个数字而已。这个二次待定数组还能继续拓展，直至出现一个真正的二次待定数组。

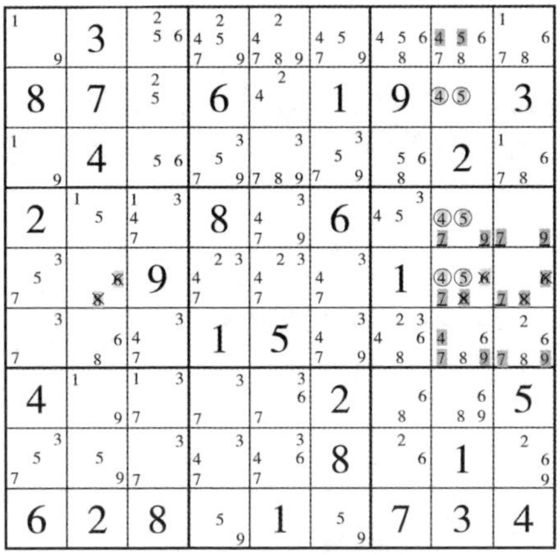

图17-3 盘面119

如盘面119（图17-3）所示，这是一个SDC，不过，这里有3个“待定数组”融合在一起。一个是待定数对{45}，图中用加圆圈数字表示；一个是待定数对{68}，图中用加叉号数字表示；还有一个是二次待定数对{79}，图中用加横线数字表示。这里的待定数组之所以打引号，是因为包含有一个二次待定数组，但仍然待定，为合并描述，故打上引号。

我们确定不了它们的最终位置，但是我们知道，4、5、6、7、8、9这6个数字刚好可以填入这6格内。那么4和5的位置必然只能填入B8、D8、E8这3格之二。那么，列8内的其余单元格将不填入4、5；同理，6和8、7和9也是。这个技巧里面，一共涉及了3个“待定数组”。对于这种涉及超过2个待定数组融合的情况，我们用自由度来描述。例如，这个SDC的自由度为2。涉及的“待定数组”个数减去1就是自由度。之前讲到的SDC自由度均为1，因此省略不说。

17.3 技巧难度总结

技巧名称	技巧难度	罕见程度	观察难度	综合难度
隐性SDC	★★★★★★ ☆☆☆☆☆☆	★★★★★☆ ☆☆☆☆☆☆	★★★★★★ ★☆☆☆☆☆	★★★★★★ ☆☆☆☆☆☆
多度SDC	★★★★★★ ★☆☆☆☆☆	★★★★★★ ★★☆☆☆☆	★★★★★★ ★☆☆☆☆☆	★★★★★★ ★☆☆☆☆☆

习题部分

入门试手

❶

9	2		5		6		7	3
	8		4	7	9		1	
	9						6	
		6	8	2	5	7		
	4						5	
	3		9	8	7		2	
6	7		3		4		8	9

❷

		5	6		7	2		
		2				5		
3	6						9	1
7				8				5
			3	2	4			
6				5				8
2	4						1	7
		8				4		
		9	4		1	6		

❸

3			2		5		1	
		5						3
8	1			4			9	
		4				3		9
	5		9	1	8		4	
9		6				1		
	3			5			8	2
5						4		
	7		1		4			5

❹

4	3			6	7	8		
		6	4		2			
		1					7	
6				9				
9		3				6		8
				8				4
	2					3		
			8		5	2		
		8	2	3			6	9

❺

8		3	5	6				
			8				3	
					3		4	
4				8			7	2
3			9	4	7			1
7	1			3				4
	5		2					
	4				8			
				1	9	7		6

❻

2					4		7	1
9	1		5				4	
		6			8	2		
4		3					9	
				2				
	2					8		4
		9	1			5		
	5				3		1	7
1	7		2					3

7

					2	7		
							1	
	4			8	1	2	3	6
4	7		6		8			3
	8		5		3		9	
3					9		8	7
5	3	7	8	1			2	
	9							
		1	2					

8

8		3				1		
			1	3	4			
9			2					7
	2	6	7				3	
	3			6			9	
	7				3	2	6	
3					1			2
			9	5	7			
		1				5		6

9

8				5				
			8		7			3
	6			9				4
	3			7	1	5	4	
	2						7	
	5	9	4	8			3	
3				1			6	
1			6		4			
				3				9

10

	2	1				6	9	
		8				1		
	9		1	2	4		7	
			2	6	5			
4				7				9
			8	4	9			
	6		5	8	2		3	
		7				9		
	1	5				8	6	

11

				9	6			7
			3	7	5	1	8	
						4		
						3		8
1	9						2	6
4		7						
		4						
	8	2	9	4	1			
7			2	8				

12

3	5	4		7				
9				2	6			
	7	6	5					
	4						2	7
7			2		4			3
6	2						1	
					2	5	8	
			4	8				6
				1		9	7	2

⑬

					1	7		
	2	6		3				5
7			6		8		9	
						9		4
	8	2				3	1	
6		7						
	3		8		2			9
2				7		8	3	
		4	3					

⑭

2		6			7			
5			2		9			
4	8			5			6	
1	9							
6		8				9		1
							2	8
	3			7			9	6
			8		4			7
			1			8		3

⑮

			6	4		3	2	8
6	3	8		5				4
		7						
	9						5	3
		4				2		
2	7						4	
						5		
7				9		1	8	2
3	1	5		6	8			

⑯

7		6	8					
		2	3					
		4		6	2			
2		3					5	
6			2	9	8			7
	1					8		2
			9	7		1		
					6	9		
					3	7		8

⑰

2		9		8		4		
								7
	7					6	1	8
				1		3	2	
			7		9			
	4	2		5				
3	2	1					5	
4								
		6		4		7		2

⑱

8			3					
						6		
					4	2	5	8
		1			6		2	3
	2			7			6	
6	3		5			4		
2	7	8	1					
		9						
					2			4

19

		5			8	9	3	
8					3	7	5	4
		3			4	8		7
7								1
9		1	8			4		
4	9	6	7					5
	1	8	9			6		

20

				4	3			
					9	2		
						6	7	
							8	4
7								9
2	8							
	9	5						
		4	2					
			7	5				

21

	5		1		3		6	
9								5
		3	2		6	7		
1		6				8		7
				2				
3		5				9		2
		4	3		7	5		
5								4
	7		5		9		2	

22

	4	6		7		8	9	
		9				4		
2	8			5			1	6
	5		6		1		3	
			7		3			
	6		2		5		8	
6	2			3			7	9
		1				3		
	3	5		1		6	4	

23

		1				9	4	6
7	6	4						
9	2							
				8	6	1		
8			5	2	4			9
		5	7	9				
							5	3
						4	9	2
5	7	9				6		

24

	9		3	5				7
			6			5	4	8
5	8			7		4	6	
	7						5	
	2	4		9			8	1
1	5	2			7			
7				4	1		9	

❷❺

6								
	4		7					6
	2	5			1	3		
	1	2		8				
		9	6		2	4		
				3		7	2	
		6	8			5	9	
9					3		8	
								7

❷❻

			4		8			
			9	1	6			
4	5						9	1
1			6		9			7
7		9		2		4		3
5			7		4			2
2	4						7	9
			3	4	2			
			1		7			

❷❼

		6	7		1		3	4
	1				3	5		8
3							1	
4			2		5		7	6
				9				
2	3		1		7			9
	5							1
9		3	5				4	
1	7		6		9	3		

❷❽

7				2	6			5
	3		8			6	9	
	4		7					
3						1	7	
2								6
	6	4						3
					7		8	
	1	7			8		3	
5			9	1				4

❷❾

7	9							
5			6			2		1
			9			6		
			2	8			1	
			5		4			
	4			3	9			
		5			1			
3		2			8			9
							3	2

❸⓿

	8	2		5				
7					9		6	
				4				
		9	3		6			7
2								3
6			2		5	8		
				7				
	1		4					8
				3		4	1	

更进一步

31

	9	6			8		5	3
3			4	5				6
				3				
4	5	1					3	
	3					6	8	4
				8				
9				2	7			5
8	7		1			2	6	

32

6					1		7	2
	5		9	7		6	1	3
9	1			8	4			
			3	2			6	9
5	8	1		4	7		9	
2	9		6					4

33

		5		4	7		2	
			2					4
		2					9	
					8		7	9
8			3		4			6
5	6		9					
	8					5		
7					1			
	1		7	2		4		

34

	8			2	6			3
		3	8					
6	5	4	3					
		8	7					
7								9
					2	5		
					7	6	1	5
					5	4		
5			9	4			2	

35

			4		7	1		
				8	6	9	4	
							8	3
9		7						
		4	1	6	9	8		
						2		6
4	9							
	3	2	8	4				
		6	7		3			

36

1								8
		7	4			1	2	
	6	5						
			2	9	3	8	4	
	7	9	8	4	5			
						5	8	
	9	3			6	2		
2								9

37

	7			5	6	2	8	
			7				3	1
	1			9		4		6
9	3	7						
						3	9	5
5		4		3			1	
3	2				7			
	9	1	5	8			2	

38

9	4		7	3	6			
	7		2				9	1
						3	8	4
			4		9			
4	6	5						
7	9				2		1	
			5	7	1		3	6

39

5	1			4			9	
			6				4	5
	4	9		3				
					6	3		
		2		1		5		
		4	9					
				5		7	3	
9	7				2			
	3			7			8	2

40

							2	
			5	2				
4		7	1			9		
5						7	1	
3	1		7		6		9	2
	7	2						8
		1			2	8		5
				6	4			
	3							

41

8	5	7		6				
	9		7		8	1		
4								
			4		7		8	6
3	8		6		9			
								3
		6	8		5		4	
				4		8	2	7

42

	1		9		8			
				5		2		
	8		4		3	9		
							5	4
7	5			1			8	2
6	3							
		3	2		7		1	
		1		9				
			1		6		9	

43

			3					
	1				2	9		
						8	2	1
4	3			9				8
	2		8		4		3	
8				7			6	2
2	5	6						
		3	4				9	
					7			

44

			5		3			4
1		9		8	2			
	8			9				
						4		1
4		5				2		8
1		3						
				7			9	
			9	2		8		5
9			6		5			

45

			9	4		5	2	8
2					5		1	7
8	7	1						
				8				
						8	3	2
6	5		8					9
1	4	9		2	3			

46

				2	7		4	3
				8				9
	7				5			
			9			4	3	
4	8						9	6
	3	5			6			
			2				1	
3				6				
8	6		1	7				

47

				4	8	3		
							4	
			2	5	7			6
2		8						1
	1	3		9		8	2	
5						6		3
7			4	3	5			
	5							
		1	6	8				

48

1	9	2						
				9				2
5		4			6			
2			9			7		
		9	7		3	6		
		7			4			5
			1			4		7
6				3				
						5	6	1

49

7					1			
	9							3
			4			6	7	
		9		5			1	
		4	2		6	8		
	1			4		2		
	6	1			8			
3							2	
			1					5

50

1		2	8	6			7	
4	3		7					
9				3			2	
	7						8	
	2			9				1
					6		1	9
	4			1	3	5		2

51

				3	8		4	
			9		1			8
5	9							
3						7		
		4		2		3		
		1						6
							2	9
8			1		6			
	1		7	4				

52

		8	3		1			
5								
						2	1	7
	9	6	2	5				
		1		9		3		
				1	8	5	6	
4	3	5						
								6
			9		7	4		

53

					1			
6					4		3	
	4	8				7		
3						2	8	
8			7	9	2			3
	9	4						1
		6				3	5	
	5		2					6
			1					

54

							6	
	8	2		5			7	
4				2		9	3	5
					2	7		
			6	3	1			
		1	4					
8	2	9		7				6
	5			6		2	9	
	7							

55

1			2					
2	3	4		5			6	
5								
	7			3	8			
	2			1			8	
			6	4			1	
								8
	9			6		4	2	3
					9			5

56

			2		5			4
	4							
	6	9			4			3
		7	1	8				
		1				6		
				4	2	3		
9			5			8	7	
							3	
1			4		9			

57

			2		5			3
	2					1	5	
		7			9	4	2	
5					4	3		9
				2				
8		6	3					1
	6	4	5			9		
	3	5					1	
1			4		3			

58

5			3	6	9			
							5	
6					4			3
		4	9				8	
	7			1			2	
	8				6	9		
4			7					8
	1							
			8	4	3			7

59

			9		6			
6	4		1		8		2	9
7								6
		4				7		
	3			5			6	
2			7		4			1
	2		3	1	7		8	
1			4	9	2			3

60

					1		2	3
			2			4	5	
				6		7		1
	3		4		2	1		
		8			3			
7			8	9				
	2	3	9					4
9	8							
1		4				9		

有点难度

61

	1		9		8			2
				7			1	9
						8	7	
		4		9	1		6	
				4				
	9		8	6		2		
	3	2						
1	5			8				
7			3		6		4	

62

	3				1	2		8
				9				
8						7		4
6		5		1			3	
			6	2		5	4	9
9					4			
			9			6		
2								
	7		2	6				5

63

			4		5			
		3		9		6		
4				6				
7		4				2		
				8		4		7
		6	1			8	3	
		2						6
				5	6		1	
	1		8	4		9	2	

64

					2	8		
		7	4				2	
		4		5	3	7	1	
		8	5				6	
				3				
	9				8	2		
	7	5	8	6		3		
	8				1	4		
		9	2					

65

					9	2	4	
			6			3		9
				3		7		
	9			4				
		5	1	7		4		8
3							1	
9	7	6		2		1		
1					7		2	
	5			6				7

66

3		4		2			6	
						3		7
6					3	2		
			5			6		
5					7		9	3
		1		6				
	8	6	4				3	
9				7		4		8
	4			9			2	

67

	3	7	8			9		
	5						4	6
				3				
							6	
			9	5		7		
	4		6	2			5	
	7							5
2		8						
		5		6	9	4		7

68

			9	2	6			
		3	8		1	5		
	4						9	
4	6						5	3
		9		1		4		
2	3						7	9
	8						1	
		5	1		8	2		
			5	9	4			

69

	4		7	9				2
6						3		
	8						4	
					9			
9			8	2				7
		1		5				6
	9	6	4					
3		8				4		9
	2			3			5	

70

			9					4
4						5		
7	6			8				
2	9					1		
	7	1	2		9			5
		4	7	1		9		2
1			8	4				
9		7		2	5	8		1
		2	1	9				

71

9		7			4	6		
			6			8		
		6			9	4	2	
	7					9		
		3				7	4	2
	6	9			2	5		
	9		1			3		5
	5				8	1		
6						2	7	

72

		4					8	7
		3	8		2			6
	6				5			
	5			9		1		
			3					
				1		8		2
		5					6	
			1	2	6	7		
		1				9		

73

	4			9				7
6		8	5					2
		5					8	
			2			7		
4	1			3	6			
					1		3	
2			3				1	
9				4				
					9		2	

74

		8	3		7			9
2	6					3		
							4	
3				5	2	1		8
7		4			8			5
	5							
	8				6			7
					5	2		
		1						

75

	5	1						
9		2				3	6	5
	3	7				1	9	
	1			8			2	7
		9		7			5	
5	7	6					1	
7		8	4	2			3	1
			6				4	
1								

76

					7	2		
		6						1
	8			6	2	3		
	9	8						
	3			7				
		7	2	3	9		8	
9							2	
		4			6	9		
6				5	8		4	

77

				3	2			5
2		4				7		
			9					8
	4		2	5	9	8		
							5	
	1	6						
		7						9
8						4	3	
6			5					

78

		8					9	1
	6	2		3			8	
					2			
	7						3	5
8		9		5	3	7	2	
	3	4	6			1		
		1		8	5			
						9		

79

		1	5	9				
							9	
	2			7	3	6		
	4	2			6		7	8
9				8	7	5		
								9
5				1	2	7	4	3
1	3							

80

			5	9	7			3
				1			2	
9	3		4					
	6					4		
	4	2				7	8	
		9					6	
					6		9	4
	1			5				
4			3	7	1			

81

		9	5				6	2
	5	3	6					9
	4				7			
9							4	3
7				8				5
3	1							6
			7				5	
4					3	2	9	
5	9				1	3		

82

1	3						7	
						9	1	8
				4				
2			9	6				5
		1		3		4		
6				1	2			9
				5				
8	5	4						
	6						9	3

83

2								
1			9					6
		4	2	1	6			
	6				1	4		5
7	8						9	1
4		2	7				6	
			6	4	2	3		
3					7			9
								2

84

	7	1						
		6		9		4		5
9							3	
1		5	3		9		6	
				1				
	6		4		2	7		1
	8							9
7		9		4		6		
						1	4	

85

	9	4		2				
	5				7	3	8	
7		8	5	9				
							5	
9		3				2		8
	1							
				5	2	6		3
	2	9	6				1	
				1		5	9	

86

5								
	1			4	3	2		
2		3	5					
	9		1			3		7
1	4			3			9	2
7		5			9		6	
					2	7		9
		6	9	7			3	
								1

87

8			1			5		6
1	7	9			2	8		
5								
		7		2				
			6		7			
				8		1		
								9
		3	4			2	1	8
9		1			6			3

88

	6				5			
	7			8	9			6
5						4		
		2				7		1
		7	5	1	2	3		
4		9				6		
		6						4
1			7	5			6	
			9				3	

89

					5	7		9
				7			8	
				1	6			3
	4			5			6	
1		5		3		9		2
	6			9			3	
4			1	6				
	5			8				
9		2	5					

90

		3	6				5	
2			9	1	3		7	
		9		8		3		
		4				5		7
			7	9	6			
7		2				8		
		6		3		7		
	8	7	1	6	5			4
	2				7	6		

91

		9	8	2	6	4		
						2	7	
			3				1	
	8			9		1		
2								4
		7		6			2	
	1				7			
	5	4						
		8	9	4	3	6		

92

5							6	4
6	2				5		9	
7			2			8		
8		3	5			4		
				7				
		5			6	1		3
		6			3			2
	9		1				4	6
2	5							8

93

7	6		8	4				
4	9	3	2		7	5		
5								
2							1	
		5		7		9		
	7							5
								9
		9	3		6	7	4	8
				5	4		3	2

94

							5	
				6		9		1
			9			2	3	6
	2	7	3	9			6	4
8			7	4	2			9
9	1			5	6	3	2	
7	5	1			9			
2		9		7				
	3							

95

5				7	4	1		
			2			5	8	
6	4						2	
	8				7			
1				2				8
			5				1	
	9						3	1
	5	3			6			
		4	3	8				9

96

	6					2	8	
	9	8		6				4
5			4					7
				4	9			6
1			3	2				
9					2			1
7				1		5	4	
	2	1					9	

97

	9	3		4	6			
8		7						
5	4		3			1		9
			6		4		8	
				2				
	1		5		8			
3		6			5		2	8
						3		6
			8	6		7	9	

98

					7	4		5
	2					7	1	8
4	7							
8			4		3	2		
2	4			5			7	3
		9	7		2			1
							2	7
7	3	8					6	
5		2	9					

99

	1	2		9				6
		3	2			1	7	4
							5	
3					9		2	
	2		8					1
	7							
1	6	5			8	3		
8				2		4	6	

100

	9	1	6			7	3	
		2	1	8			5	
			4				2	
1								
		9	2		8	5		
								7
	1				4			
	4			3	5	8		
	3	7			1	6	9	

挑战一下

101

(6,8)	(1,4,5,6)	(1,4,8)	(2,5,6,7,9)	(2,5,6,8,9)	(2,5,7,8)	3	(1,2,4,6,9)	(1,2,4,6,7)
2	(1,3,6)	7	(3,6,9)	4	(3,8)	(1,6,9)	(1,6,9)	5
(3,6)	9	(3,4)	1	(2,3,5,6)	(2,3,5,7)	(4,6,7)	8	(2,4,6,7)
4	7	(2,8)	(2,6)	(1,2,6)	9	5	(1,2,6)	3
(3,6,8,9)	(2,3,6)	(2,3,8,9)	(2,3,4,5,6,7)	(1,2,3,5,6)	(1,2,3,4,5,7)	(1,4,6,8)	(1,2,4,6)	(1,2,4,6)
1	(2,3,6)	5	8	(2,3,6)	(2,3,4)	(4,6)	7	9
(3,7,9)	8	(1,2,3,4,9)	(2,3,4,9)	(1,2,3,9)	6	(1,4,7,9)	5	(1,4,7)
5	(1,3,4)	(1,3,4,9)	(3,4,9)	7	(1,3,4)	2	(1,3,4,6,9)	8
(3,7,9)	(1,2,3,4)	6	(2,3,4,5,9)	(1,2,3,5,8,9)	(1,2,3,4,5,8)	(1,4,7,9)	(1,3,4,9)	(1,4,7)

102

1	(5,7,8,9)	(4,5,8)	6	3	(7,9)	(4,8)	2	(4,7,8)
(5,6,7,9)	(3,5,6,7,9)	2	(5,7,9)	8	4	(1,3,6)	(1,3,6,7,9)	(3,6,7)
(6,7,8,9)	(3,6,7,8,9)	(3,4,6,8)	2	(1,7,9)	(1,7,9)	5	(1,3,6,7,8,9)	(3,4,6,7,8)
4	(1,5,6,7,8)	(1,5,6,8)	(3,5,7,8)	(1,5,6,7)	(1,2,3,6,7)	(1,3,6,8)	(1,3,5,6,8)	9
(5,6,8)	2	9	(3,5,8)	(1,5,6)	(1,3,6)	7	4	(3,5,6,8)
3	(1,5,6,7,8)	(1,5,6,8)	(4,5,7,8,9)	(1,5,6,7,9)	(1,6,7,9)	(1,6,8)	(1,5,6,8)	2
(2,6,8,9)	(1,3,6,8,9)	7	(3,9)	(6,9)	5	(2,3,4,6,8)	(3,6,8)	(3,4,6,8)
(2,5,6,8)	(3,5,6,8)	(3,5,6,8)	1	4	(3,6,7)	9	(3,5,6,7,8)	(3,5,6,7,8)
(5,6,9)	4	(3,5,6)	(3,7,9)	2	8	(3,6)	(3,5,6,7)	1

103

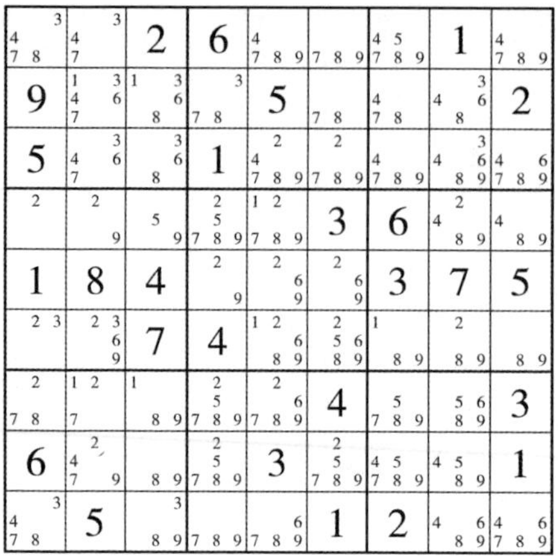

104

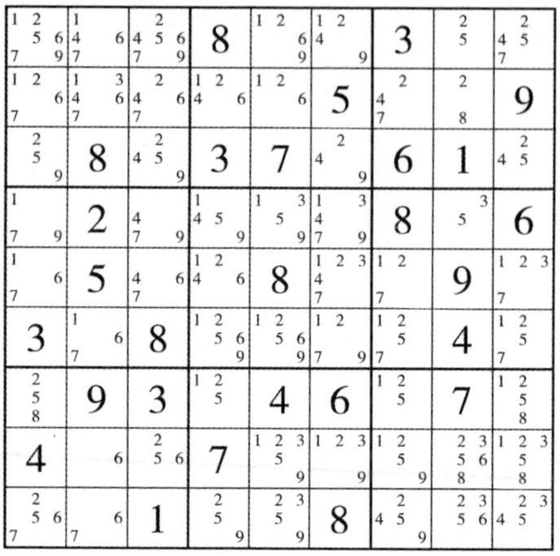

105

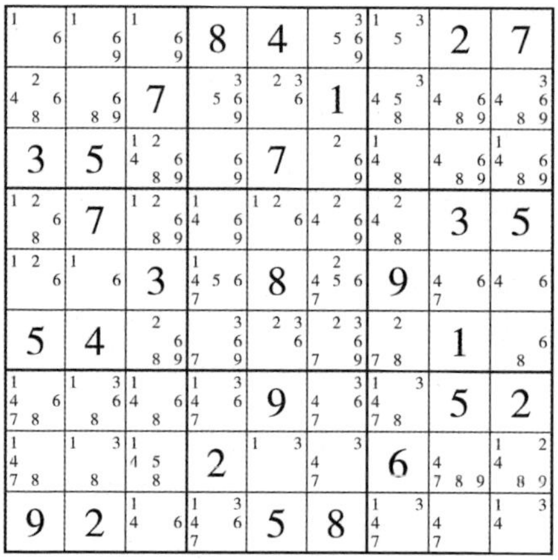

106

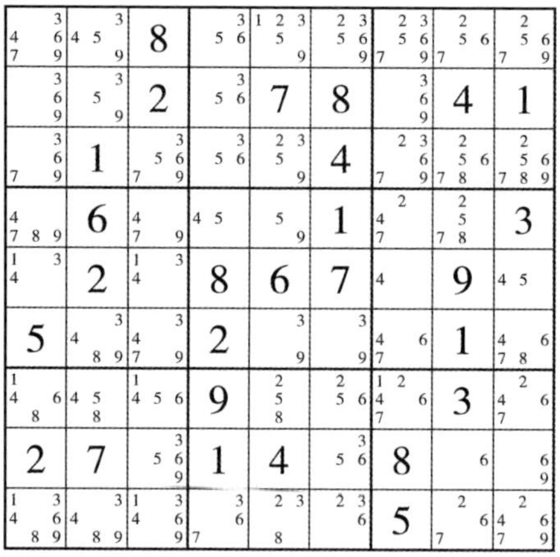

107

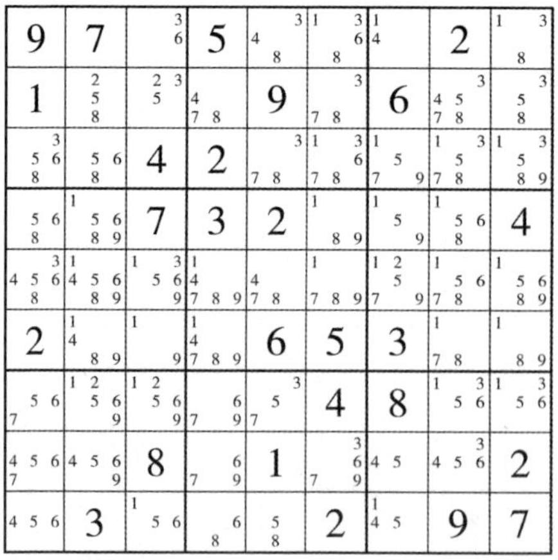

108

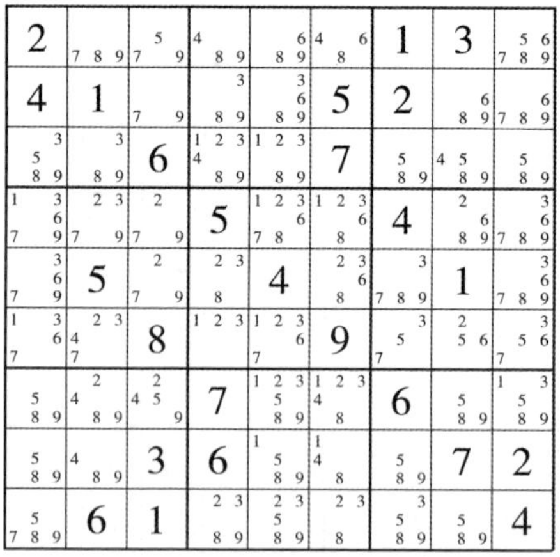

109

2789	12389	23789	35789	3679	256789	13459	13459	23459
29	1239	**6**	359	**4**	249	**8**	**7**	2359
4	2389	**5**	3789	**1**	2789	39	39	**6**
6789	3689	3789	1789	79	**4**	13579	**2**	3579
1	249	2479	**6**	**5**	**3**	479	49	**8**
6789	**5**	34789	**2**	79	1789	13479	13469	3479
3	469	49	4579	**8**	5679	**2**	459	**1**
589	**7**	**1**	3459	**2**	59	**6**	34589	3459
25689	24689	24689	134579	3679	15679	34579	34589	34579

110

48	**9**	**2**	47	**1**	**5**	678	**3**	4678
13458	4578	1345	247	23467	3467	5678	257	**9**
345	457	**6**	**9**	2347	**8**	**1**	257	2457
25689	568	**7**	1258	23689	1369	357	**4**	1358
24589	**3**	459	124578	24789	1479	578	**6**	1578
45689	**1**	459	4578	346789	34679	**2**	579	3578
1345	45	**8**	**6**	47	**2**	**9**	157	1357
7	456	13459	148	489	149	356	125	12356
169	**2**	19	**3**	**5**	179	**4**	**8**	167

111

38	789	**4**	**5**	**6**	139	**2**	78	1789
1	2789	23789	2389	2389	239	678	5678	**4**
268	289	**5**	**7**	1289	1249	168	**3**	189
458	1478	178	136	1357	135	34678	**9**	**2**
25	**6**	27	**4**	23579	**8**	37	**1**	357
9	**3**	1278	126	1257	125	4678	45678	578
2348	**5**	1238	1238	1238	**6**	**9**	2478	1378
7	12489	12389	12389	123589	12359	1348	248	**6**
238	1289	**6**	12389	**4**	**7**	**4**	28	138

112

469	**1**	689	269	**5**	**3**	2468	**7**	268
4567	467	**2**	**8**	**1**	467	**9**	34	356
45679	**3**	56789	269	2479	4679	124568	248	12568
169	**2**	169	1369	89	**5**	**7**	389	**4**
145679	4679	15679	12369	2789	16789	2568	2389	235689
8	679	**3**	**4**	279	679	256	**1**	2569
123679	6789	16789	19	489	1489	1248	**5**	12789
179	789	**4**	159	**6**	**2**	**3**	89	1789
129	**5**	189	**7**	**3**	1489	1248	**6**	1289

113

3	49	789	2689	2679	**5**	4689	**1**	24689
4689	**2**	789	**1**	679	678	34689	369	**5**
15689	59	1589	2689	**3**	**4**	689	**7**	2689
29	**8**	239	2369	2469	**1**	**7**	**5**	369
159	359	**4**	3689	679	3678	**2**	369	13689
129	**7**	**6**	**5**	29	238	1389	**4**	1389
2459	**6**	2359	**7**	**8**	23	13459	239	12349
7	345	235	236	1256	**9**	13456	**8**	12346
2589	**1**	23589	**4**	256	236	3569	2369	**7**

114

7	15689	**2**	56	**4**	5689	169	1369	139
34569	4569	49	567	679	**1**	**2**	34679	**8**
4689	14689	1489	**3**	26789	2689	1469	**5**	1479
589	15789	**6**	1257	1278	**4**	**3**	1279	1279
459	**2**	1479	1567	1367	356	1469	**8**	1479
48	1478	**3**	**9**	12678	268	**5**	12467	1247
24689	**3**	489	1246	1269	**7**	1489	1249	12459
1	4679	**5**	**8**	2369	2369	49	2349	2349
24689	489	489	124	**5**	239	**7**	12349	**6**

115

9	256	26	**4**	167	**8**	**3**	2567	125
36	2368	2368	**5**	13679	1679	267	2679	**4**
346	**7**	**1**	236	369	69	267	2679	**8**
8	2369	**5**	367	34679	4679	246	**1**	23
1367	1369	3679	13678	**2**	145679	4568	3456	35
136	**4**	236	1368	13568	156	**9**	2356	**7**
2	369	3679	67	4567	4567	**1**	**8**	359
5	1689	6789	1678	14678	**3**	247	2479	29
137	138	**4**	**9**	1578	**2**	57	357	**6**

116

9	37	17	**8**	12567	12356	**4**	2367	2357
134	**2**	**5**	3467	1467	1346	**9**	367	378
6	**8**	47	23457	**9**	2345	357	237	**1**
45	456	24	**1**	24567	23456	3567	**8**	**9**
458	4569	**3**	4567	45678	4568	**2**	346	35
7	**1**	248	23456	24568	**9**	356	346	35
2	57	178	56	**3**	1568	78	**9**	**4**
348	347	**6**	249	248	248	**1**	**5**	2378
13458	345	**9**	245	12458	**7**	38	23	**6**

117

6	**2**	4789	**5**	1489	789	179	4789	**3**
148	14789	**5**	123479	123489	23789	1679	46789	1478
148	14789	34789	**6**	13489	3789	1579	**2**	14578
458	4568	**1**	349	**7**	359	359	3589	**2**
3	457	247	**8**	2459	**1**	579	579	**6**
9	578	278	23	**6**	235	**4**	3578	1578
12458	**2**	2489	1279	12589	**6**	257	457	457
1245	14569	2469	123579	12359	23579	**8**	34567	457
7	568	268	23	2358	**4**	2356	**1**	**9**

118

2	**4**	58	1589	1589	**7**	**6**	**3**	19
356789	3689	**1**	**2**	34589	3589	457	4589	479
35789	389	3578	14589	134589	**6**	12457	24589	12479
3468	**7**	2348	24689	24689	**1**	234	2469	**5**
3456	236	**9**	45	24567	25	**8**	246	12346
1	268	2458	**3**	245689	2589	24	**7**	2469
34789	12389	2378	**6**	123589	23589	23457	245	2347
378	1238	2378	158	12358	**4**	**9**	256	2367
349	**5**	**6**	**7**	239	239	234	**1**	**8**

119

6	**2**	4789	**5**	1489	789	179	4789	**3**
148	14789	**5**	123479	123489	23789	1679	46789	1478
148	14789	34789	**6**	13489	3789	1579	**2**	14578
458	4568	**1**	349	**7**	359	359	3589	**2**
3	457	247	**8**	2459	**1**	579	579	**6**
9	578	278	23	**6**	235	**4**	3578	1578
12458	**3**	2489	1279	12589	**6**	257	457	457
1245	14569	2469	123579	12359	23579	**8**	34567	457
7	568	268	23	2358	**4**	2356	**1**	**9**

120

8	259	**3**	**7**	**1**	459	24569	249	24569
5679	**4**	25679	359	36	**8**	23569	12379	12569
1	579	5679	**2**	346	459	345689	34789	4569
2	13589	1589	**6**	48	45	**7**	1349	149
37	**6**	178	18	**9**	247	234	**5**	124
579	1579	**4**	15	27	**3**	269	129	**8**
34569	23589	25689	389	238	**1**	24589	2489	**7**
3579	1235789	125789	**4**	2378	279	25789	**6**	259
479	2789	2789	89	**5**	**6**	**1**	2489	**3**

答案部分

❶

1	6	7	2	3	8	9	4	5
9	2	4	5	1	6	8	7	3
5	8	3	4	7	9	6	1	2
2	9	5	7	4	1	3	6	8
3	1	6	8	2	5	7	9	4
7	4	8	6	9	3	2	5	1
4	3	1	9	8	7	5	2	6
6	7	2	3	5	4	1	8	9
8	5	9	1	6	2	4	3	7

❷

9	8	5	6	1	7	2	3	4
4	1	2	8	9	3	5	7	6
3	6	7	2	4	5	8	9	1
7	9	4	1	8	6	3	2	5
8	5	1	3	2	4	7	6	9
6	2	3	7	5	9	1	4	8
2	4	6	5	3	8	9	1	7
1	7	8	9	6	2	4	5	3
5	3	9	4	7	1	6	8	2

❸

3	9	7	2	8	5	6	1	4
6	4	5	7	9	1	8	2	3
8	1	2	3	4	6	5	9	7
1	8	4	5	6	2	3	7	9
7	5	3	9	1	8	2	4	6
9	2	6	4	7	3	1	5	8
4	3	1	6	5	9	7	8	2
5	6	9	8	2	7	4	3	1
2	7	8	1	3	4	9	6	5

❹

4	3	5	9	6	7	8	1	2
8	7	6	4	1	2	5	9	3
2	9	1	3	5	8	4	7	6
6	8	4	5	9	3	1	2	7
9	1	3	7	2	4	6	5	8
7	5	2	1	8	6	9	3	4
1	2	7	6	4	9	3	8	5
3	6	9	8	7	5	2	4	1
5	4	8	2	3	1	7	6	9

❺

8	2	3	5	6	4	9	1	7
9	7	4	8	2	1	6	3	5
5	6	1	7	9	3	2	4	8
4	9	6	1	8	5	3	7	2
3	8	2	9	4	7	5	6	1
7	1	5	6	3	2	8	9	4
1	5	9	2	7	6	4	8	3
6	4	7	3	5	8	1	2	9
2	3	8	4	1	9	7	5	6

❻

2	8	5	6	9	4	3	7	1
9	1	7	5	3	2	6	4	8
3	4	6	7	1	8	2	5	9
4	6	3	8	5	1	7	9	2
7	9	8	4	2	6	1	3	5
5	2	1	3	7	9	8	6	4
8	3	9	1	4	7	5	2	6
6	5	2	9	8	3	4	1	7
1	7	4	2	6	5	9	8	3

❼

6	1	8	3	5	2	7	4	9
9	2	3	4	6	7	5	1	8
7	4	5	9	8	1	2	3	6
4	7	9	6	2	8	1	5	3
1	8	6	5	7	3	4	9	2
3	5	2	1	4	9	6	8	7
5	3	7	8	1	6	9	2	4
2	9	4	7	3	5	8	6	1
8	6	1	2	9	4	3	7	5

❽

8	6	3	5	7	9	1	2	4
2	5	7	1	3	4	6	8	9
9	1	4	2	8	6	3	5	7
1	2	6	7	9	5	4	3	8
5	3	8	4	6	2	7	9	1
4	7	9	8	1	3	2	6	5
3	8	5	6	4	1	9	7	2
6	4	2	9	5	7	8	1	3
7	9	1	3	2	8	5	4	6

❾

8	4	3	2	5	6	7	9	1
9	1	2	8	4	7	6	5	3
5	6	7	1	9	3	8	2	4
6	3	8	9	7	1	5	4	2
4	2	1	3	6	5	9	7	8
7	5	9	4	8	2	1	3	6
3	8	4	7	1	9	2	6	5
1	9	5	6	2	4	3	8	7
2	7	6	5	3	8	4	1	9

❿

5	2	1	7	3	8	6	9	4
7	4	8	9	5	6	1	2	3
6	9	3	1	2	4	5	7	8
8	3	9	2	6	5	4	1	7
4	5	6	3	7	1	2	8	9
1	7	2	8	4	9	3	5	6
9	6	4	5	8	2	7	3	1
2	8	7	6	1	3	9	4	5
3	1	5	4	9	7	8	6	2

⓫

8	5	1	4	9	6	2	3	7
2	4	6	3	7	5	1	8	9
9	7	3	1	2	8	4	6	5
6	2	5	7	1	9	3	4	8
1	9	8	5	3	4	7	2	6
4	3	7	8	6	2	9	5	1
3	1	4	6	5	7	8	9	2
5	8	2	9	4	1	6	7	3
7	6	9	2	8	3	5	1	4

⓬

3	5	4	8	7	9	2	6	1
9	8	1	3	2	6	7	4	5
2	7	6	5	4	1	3	9	8
8	4	5	1	9	3	6	2	7
7	1	9	2	6	4	8	5	3
6	2	3	7	5	8	4	1	9
1	6	7	9	3	2	5	8	4
5	9	2	4	8	7	1	3	6
4	3	8	6	1	5	9	7	2

⑬

3	5	8	9	2	1	7	4	6
9	2	6	7	3	4	1	8	5
7	4	1	6	5	8	2	9	3
5	1	3	2	8	7	9	6	4
4	8	2	5	9	6	3	1	7
6	9	7	1	4	3	5	2	8
1	3	5	8	6	2	4	7	9
2	6	9	4	7	5	8	3	1
8	7	4	3	1	9	6	5	2

⑭

2	1	6	4	8	7	5	3	9
5	7	3	2	6	9	1	8	4
4	8	9	3	5	1	7	6	2
1	9	2	6	4	8	3	7	5
6	5	8	7	2	3	9	4	1
3	4	7	9	1	5	6	2	8
8	3	1	5	7	2	4	9	6
9	6	5	8	3	4	2	1	7
7	2	4	1	9	6	8	5	3

⑮

1	5	9	6	4	7	3	2	8
6	3	8	9	5	2	7	1	4
4	2	7	1	8	3	9	6	5
8	9	1	7	2	4	6	5	3
5	6	4	8	3	9	2	7	1
2	7	3	5	1	6	8	4	9
9	8	2	4	7	1	5	3	6
7	4	6	3	9	5	1	8	2
3	1	5	2	6	8	4	9	7

⑯

7	3	6	8	5	1	2	9	4
8	5	2	3	4	9	6	7	1
1	9	4	7	6	2	5	8	3
2	8	3	6	1	7	4	5	9
6	4	5	2	9	8	3	1	7
9	1	7	5	3	4	8	6	2
4	2	8	9	7	5	1	3	6
3	7	1	4	8	6	9	2	5
5	6	9	1	2	3	7	4	8

⑰

2	6	9	1	8	7	4	3	5
8	1	3	5	6	4	2	9	7
5	7	4	9	3	2	6	1	8
7	9	5	4	1	8	3	2	6
6	3	8	7	2	9	5	4	1
1	4	2	6	5	3	8	7	9
3	2	1	8	7	6	9	5	4
4	8	7	2	9	5	1	6	3
9	5	6	3	4	1	7	8	2

⑱

8	6	2	3	5	7	9	4	1
4	1	5	2	8	9	6	3	7
7	9	3	6	1	4	2	5	8
5	8	1	4	9	6	7	2	3
9	2	4	8	7	3	1	6	5
6	3	7	5	2	1	4	8	9
2	7	8	1	4	5	3	9	6
3	4	9	7	6	8	5	1	2
1	5	6	9	3	2	8	7	4

⑲

1	4	5	2	7	8	9	3	6
6	3	7	4	5	9	2	1	8
8	2	9	1	6	3	7	5	4
2	6	3	5	1	4	8	9	7
7	8	4	3	9	6	5	2	1
9	5	1	8	2	7	4	6	3
4	9	6	7	3	2	1	8	5
5	7	2	6	8	1	3	4	9
3	1	8	9	4	5	6	7	2

⑳

1	2	7	6	4	3	9	5	8
5	6	8	1	7	9	2	4	3
4	3	9	5	8	2	6	7	1
9	5	6	3	2	7	1	8	4
7	4	1	8	6	5	3	2	9
2	8	3	9	1	4	5	6	7
8	9	5	4	3	6	7	1	2
6	7	4	2	9	1	8	3	5
3	1	2	7	5	8	4	9	6

㉑

7	5	2	1	9	3	4	6	8
9	6	1	7	8	4	2	3	5
4	8	3	2	5	6	7	9	1
1	2	6	9	3	5	8	4	7
8	9	7	4	2	1	3	5	6
3	4	5	6	7	8	9	1	2
2	1	4	3	6	7	5	8	9
5	3	9	8	1	2	6	7	4
6	7	8	5	4	9	1	2	3

㉒

5	4	6	1	7	2	8	9	3
7	1	9	3	6	8	4	2	5
2	8	3	4	5	9	7	1	6
8	5	4	6	9	1	2	3	7
1	9	2	7	8	3	5	6	4
3	6	7	2	4	5	9	8	1
6	2	8	5	3	4	1	7	9
4	7	1	9	2	6	3	5	8
9	3	5	8	1	7	6	4	2

㉓

3	5	1	2	7	8	9	4	6
7	6	4	9	1	5	2	3	8
9	2	8	6	4	3	5	1	7
4	9	7	3	8	6	1	2	5
8	1	6	5	2	4	3	7	9
2	3	5	7	9	1	8	6	4
1	4	2	8	6	9	7	5	3
6	8	3	1	5	7	4	9	2
5	7	9	4	3	2	6	8	1

㉔

4	6	5	7	1	8	9	2	3
2	9	8	3	5	4	6	1	7
3	1	7	6	2	9	5	4	8
5	8	3	1	7	2	4	6	9
9	7	1	4	8	6	3	5	2
6	2	4	5	9	3	7	8	1
1	5	2	9	6	7	8	3	4
7	3	6	8	4	1	2	9	5
8	4	9	2	3	5	1	7	6

25

6	9	7	3	2	5	8	4	1
1	4	3	7	9	8	2	5	6
8	2	5	4	6	1	3	7	9
7	1	2	5	8	4	9	6	3
3	8	9	6	7	2	4	1	5
5	6	4	1	3	9	7	2	8
4	3	6	8	1	7	5	9	2
9	7	1	2	5	3	6	8	4
2	5	8	9	4	6	1	3	7

26

9	1	2	4	5	8	7	3	6
3	7	8	9	1	6	2	4	5
4	5	6	2	7	3	8	9	1
1	2	4	6	3	9	5	8	7
7	8	9	5	2	1	4	6	3
5	6	3	7	8	4	9	1	2
2	4	1	8	6	5	3	7	9
6	9	7	3	4	2	1	5	8
8	3	5	1	9	7	6	2	4

27

8	2	6	7	5	1	9	3	4
7	1	9	4	2	3	5	6	8
3	4	5	9	8	6	7	1	2
4	9	1	2	3	5	8	7	6
5	6	7	8	9	4	1	2	3
2	3	8	1	6	7	4	5	9
6	5	4	3	7	8	2	9	1
9	8	3	5	1	2	6	4	7
1	7	2	6	4	9	3	8	5

28

7	9	8	1	2	6	3	4	5
1	3	2	8	4	5	6	9	7
6	4	5	7	9	3	8	1	2
3	5	9	2	6	4	1	7	8
2	7	1	3	8	9	4	5	6
8	6	4	5	7	1	9	2	3
9	2	6	4	3	7	5	8	1
4	1	7	6	5	8	2	3	9
5	8	3	9	1	2	7	6	4

29

7	9	6	8	1	2	3	4	5
5	8	4	6	7	3	2	9	1
1	2	3	9	4	5	6	7	8
6	5	9	2	8	7	4	1	3
8	3	1	5	6	4	9	2	7
2	4	7	1	3	9	8	5	6
9	6	5	3	2	1	7	8	4
3	7	2	4	5	8	1	6	9
4	1	8	7	9	6	5	3	2

30

4	8	2	6	5	7	1	3	9
7	3	1	8	2	9	5	6	4
5	9	6	1	4	3	7	8	2
1	4	9	3	8	6	2	5	7
2	5	8	7	1	4	6	9	3
6	7	3	2	9	5	8	4	1
8	6	4	9	7	1	3	2	5
3	1	5	4	6	2	9	7	8
9	2	7	5	3	8	4	1	6

31

1	9	6	2	7	8	4	5	3
3	8	2	4	5	1	7	9	6
5	4	7	9	3	6	1	2	8
4	5	1	8	6	2	9	3	7
7	6	8	3	9	4	5	1	2
2	3	9	7	1	5	6	8	4
6	2	4	5	8	9	3	7	1
9	1	3	6	2	7	8	4	5
8	7	5	1	4	3	2	6	9

32

6	3	9	8	5	1	4	7	2
1	7	2	4	3	6	9	5	8
8	5	4	9	7	2	6	1	3
9	1	6	7	8	4	2	3	5
3	2	5	1	6	9	8	4	7
7	4	8	3	2	5	1	6	9
5	8	1	2	4	7	3	9	6
4	6	3	5	9	8	7	2	1
2	9	7	6	1	3	5	8	4

33

3	9	5	6	4	7	8	2	1
1	7	8	2	5	9	6	3	4
6	4	2	1	8	3	7	9	5
4	3	1	5	6	8	2	7	9
8	2	9	3	7	4	1	5	6
5	6	7	9	1	2	3	4	8
2	8	3	4	9	6	5	1	7
7	5	4	8	3	1	9	6	2
9	1	6	7	2	5	4	8	3

34

1	8	7	5	2	6	9	4	3
2	9	3	8	7	4	1	5	6
6	5	4	3	9	1	7	8	2
4	6	8	7	5	9	2	3	1
7	2	5	4	1	3	8	6	9
9	3	1	6	8	2	5	7	4
8	4	9	2	3	7	6	1	5
3	7	2	1	6	5	4	9	8
5	1	6	9	4	8	3	2	7

35

3	8	9	4	5	7	1	6	2
2	7	1	3	8	6	9	4	5
6	4	5	9	1	2	7	8	3
9	6	7	2	3	8	5	1	4
5	2	4	1	6	9	8	3	7
8	1	3	5	7	4	2	9	6
4	9	8	6	2	5	3	7	1
7	3	2	8	4	1	6	5	9
1	5	6	7	9	3	4	2	8

36

1	2	4	3	6	9	7	5	8
9	3	7	4	5	8	1	2	6
8	6	5	7	2	1	4	9	3
6	5	1	2	9	3	8	4	7
4	8	2	6	1	7	9	3	5
3	7	9	8	4	5	6	1	2
7	4	6	9	3	2	5	8	1
5	9	3	1	8	6	2	7	4
2	1	8	5	7	4	3	6	9

37

4	7	3	1	5	6	2	8	9
2	6	9	7	4	8	5	3	1
8	1	5	2	9	3	4	7	6
9	3	7	4	2	5	1	6	8
1	5	8	3	6	9	7	4	2
6	4	2	8	7	1	3	9	5
5	8	4	6	3	2	9	1	7
3	2	6	9	1	7	8	5	4
7	9	1	5	8	4	6	2	3

38

9	4	1	7	3	6	2	5	8
6	5	2	1	9	8	7	4	3
3	7	8	2	4	5	6	9	1
1	2	9	6	5	7	3	8	4
8	3	7	4	1	9	5	6	2
4	6	5	8	2	3	1	7	9
7	9	6	3	8	2	4	1	5
5	1	3	9	6	4	8	2	7
2	8	4	5	7	1	9	3	6

39

5	1	6	2	4	7	8	9	3
7	8	3	6	9	1	2	4	5
2	4	9	5	3	8	6	1	7
1	5	7	4	8	6	3	2	9
8	9	2	7	1	3	5	6	4
3	6	4	9	2	5	1	7	8
4	2	1	8	5	9	7	3	6
9	7	8	3	6	2	4	5	1
6	3	5	1	7	4	9	8	2

40

8	5	3	6	4	9	1	2	7
1	6	9	5	2	7	3	8	4
4	2	7	1	8	3	9	5	6
5	4	6	2	9	8	7	1	3
3	1	8	7	5	6	4	9	2
9	7	2	4	3	1	5	6	8
6	9	1	3	7	2	8	4	5
7	8	5	9	6	4	2	3	1
2	3	4	8	1	5	6	7	9

41

8	5	7	1	6	4	2	3	9
6	9	3	7	2	8	1	5	4
4	1	2	5	9	3	6	7	8
5	2	9	4	1	7	3	8	6
7	6	1	3	8	2	4	9	5
3	8	4	6	5	9	7	1	2
9	4	8	2	7	1	5	6	3
2	7	6	8	3	5	9	4	1
1	3	5	9	4	6	8	2	7

42

3	1	6	9	2	8	5	4	7
9	4	7	6	5	1	2	3	8
2	8	5	4	7	3	9	6	1
1	2	8	7	6	9	3	5	4
7	5	9	3	1	4	6	8	2
6	3	4	5	8	2	1	7	9
5	9	3	2	4	7	8	1	6
4	6	1	8	9	5	7	2	3
8	7	2	1	3	6	4	9	5

43

5	8	2	3	1	9	6	4	7
7	1	4	6	8	2	9	5	3
3	6	9	7	4	5	8	2	1
4	3	1	2	9	6	5	7	8
6	2	7	8	5	4	1	3	9
8	9	5	1	7	3	4	6	2
2	5	6	9	3	1	7	8	4
1	7	3	4	6	8	2	9	5
9	4	8	5	2	7	3	1	6

44

7	6	2	5	1	3	9	8	4
1	5	9	4	8	2	7	6	3
3	8	4	7	9	6	5	1	2
8	9	6	2	5	7	4	3	1
4	1	5	3	6	9	2	7	8
2	7	3	1	4	8	6	5	9
5	2	1	8	7	4	3	9	6
6	3	7	9	2	1	8	4	5
9	4	8	6	3	5	1	2	7

45

9	1	5	2	7	8	3	6	4
3	6	7	9	4	1	5	2	8
2	8	4	6	3	5	9	1	7
8	7	1	3	9	2	4	5	6
5	3	2	4	8	6	7	9	1
4	9	6	1	5	7	8	3	2
6	5	3	8	1	4	2	7	9
1	4	9	7	2	3	6	8	5
7	2	8	5	6	9	1	4	3

46

5	9	8	6	2	7	1	4	3
2	4	6	3	8	1	7	5	9
1	7	3	4	9	5	8	6	2
6	1	7	9	5	2	4	3	8
4	8	2	7	1	3	5	9	6
9	3	5	8	4	6	2	7	1
7	5	9	2	3	8	6	1	4
3	2	1	5	6	4	9	8	7
8	6	4	1	7	9	3	2	5

47

1	6	7	9	4	8	3	5	2
9	2	5	3	1	6	7	4	8
8	3	4	2	5	7	9	1	6
2	7	8	5	6	3	4	9	1
6	1	3	7	9	4	8	2	5
5	4	9	8	2	1	6	7	3
7	8	2	4	3	5	1	6	9
3	5	6	1	7	9	2	8	4
4	9	1	6	8	2	5	3	7

48

1	9	2	3	4	7	8	5	6
7	6	8	5	9	1	3	4	2
5	3	4	2	8	6	1	7	9
2	4	6	9	5	8	7	1	3
8	5	9	7	1	3	6	2	4
3	1	7	6	2	4	9	8	5
9	8	5	1	6	2	4	3	7
6	7	1	4	3	5	2	9	8
4	2	3	8	7	9	5	6	1

49

7	4	6	3	8	1	5	9	2
1	9	5	6	7	2	4	8	3
2	3	8	4	9	5	6	7	1
6	2	9	8	5	3	7	1	4
5	7	4	2	1	6	8	3	9
8	1	3	7	4	9	2	5	6
9	6	1	5	2	8	3	4	7
3	5	7	9	6	4	1	2	8
4	8	2	1	3	7	9	6	5

50

1	9	2	8	6	4	3	7	5
4	3	8	7	5	1	2	9	6
7	6	5	3	2	9	1	4	8
9	8	1	5	3	7	6	2	4
5	7	6	1	4	2	9	8	3
3	2	4	6	9	8	7	5	1
6	1	9	2	8	5	4	3	7
2	5	3	4	7	6	8	1	9
8	4	7	9	1	3	5	6	2

51

1	2	6	5	3	8	9	4	7
4	7	3	9	6	1	2	5	8
5	9	8	2	7	4	6	3	1
3	6	9	4	1	5	7	8	2
7	8	4	6	2	9	3	1	5
2	5	1	3	8	7	4	9	6
6	4	7	8	5	3	1	2	9
8	3	2	1	9	6	5	7	4
9	1	5	7	4	2	8	6	3

52

2	6	8	3	7	1	9	4	5
5	1	7	4	2	9	6	8	3
9	4	3	8	6	5	2	1	7
8	9	6	2	5	3	1	7	4
7	5	1	6	9	4	3	2	8
3	2	4	7	1	8	5	6	9
4	3	5	1	8	6	7	9	2
1	7	9	5	4	2	8	3	6
6	8	2	9	3	7	4	5	1

53

7	3	9	5	2	1	8	6	4
6	1	2	8	7	4	9	3	5
5	4	8	6	3	9	7	1	2
3	7	5	4	1	6	2	8	9
8	6	1	7	9	2	5	4	3
2	9	4	3	5	8	6	7	1
1	2	6	9	4	7	3	5	8
4	5	7	2	8	3	1	9	6
9	8	3	1	6	5	4	2	7

54

7	3	5	9	1	4	8	6	2
9	8	2	3	5	6	4	7	1
4	1	6	7	2	8	9	3	5
3	6	8	5	9	2	7	1	4
2	4	7	6	3	1	5	8	9
5	9	1	4	8	7	6	2	3
8	2	9	1	7	5	3	4	6
1	5	4	8	6	3	2	9	7
6	7	3	2	4	9	1	5	8

55

1	6	9	2	8	3	7	5	4
2	3	4	1	5	7	8	6	9
5	8	7	4	9	6	2	3	1
6	7	1	9	3	8	5	4	2
4	2	3	7	1	5	9	8	6
9	5	8	6	4	2	3	1	7
3	1	2	5	7	4	6	9	8
7	9	5	8	6	1	4	2	3
8	4	6	3	2	9	1	7	5

56

3	1	8	2	9	5	7	6	4
7	4	2	6	3	8	1	9	5
5	6	9	7	1	4	2	8	3
4	3	7	1	8	6	9	5	2
2	9	1	3	5	7	6	4	8
8	5	6	9	4	2	3	1	7
9	2	4	5	6	3	8	7	1
6	7	5	8	2	1	4	3	9
1	8	3	4	7	9	5	2	6

57

6	8	1	2	4	5	7	9	3
4	2	9	7	3	6	1	5	8
3	5	7	1	8	9	4	2	6
5	1	2	8	6	4	3	7	9
7	4	3	9	2	1	6	8	5
8	9	6	3	5	7	2	4	1
2	6	4	5	1	8	9	3	7
9	3	5	6	7	2	8	1	4
1	7	8	4	9	3	5	6	2

58

5	4	1	3	6	9	8	7	2
8	9	3	1	2	7	4	5	6
6	2	7	5	8	4	1	9	3
2	6	4	9	3	5	7	8	1
3	7	9	4	1	8	6	2	5
1	8	5	2	7	6	9	3	4
4	3	2	7	9	1	5	6	8
7	1	8	6	5	2	3	4	9
9	5	6	8	4	3	2	1	7

59

5	8	2	9	4	6	1	3	7
6	4	3	1	7	8	5	2	9
7	9	1	5	2	3	8	4	6
8	1	4	6	3	9	7	5	2
9	3	7	2	5	1	4	6	8
2	6	5	7	8	4	3	9	1
4	2	6	3	1	7	9	8	5
1	5	8	4	9	2	6	7	3
3	7	9	8	6	5	2	1	4

60

8	7	9	5	4	1	6	2	3
3	6	1	2	8	7	4	5	9
2	4	5	3	6	9	7	8	1
5	3	6	4	7	2	1	9	8
4	9	8	1	5	3	2	6	7
7	1	2	8	9	6	3	4	5
6	2	3	9	1	5	8	7	4
9	8	7	6	3	4	5	1	2
1	5	4	7	2	8	9	3	6

61

6	1	7	9	3	8	4	5	2
8	4	5	6	7	2	3	1	9
9	2	3	4	1	5	8	7	6
3	7	4	2	9	1	5	6	8
2	6	8	5	4	3	7	9	1
5	9	1	8	6	7	2	3	4
4	3	2	1	5	9	6	8	7
1	5	6	7	8	4	9	2	3
7	8	9	3	2	6	1	4	5

62

5	3	9	4	7	1	2	6	8
4	6	7	8	9	2	3	5	1
8	1	2	3	5	6	7	9	4
6	4	5	7	1	9	8	3	2
7	8	1	6	2	3	5	4	9
9	2	3	5	8	4	1	7	6
1	5	8	9	4	7	6	2	3
2	9	6	1	3	5	4	8	7
3	7	4	2	6	8	9	1	5

63

1	6	8	4	2	5	3	7	9
2	5	3	7	9	1	6	8	4
4	9	7	3	6	8	1	5	2
7	8	4	5	3	9	2	6	1
5	3	1	6	8	2	4	9	7
9	2	6	1	7	4	8	3	5
8	7	2	9	1	3	5	4	6
3	4	9	2	5	6	7	1	8
6	1	5	8	4	7	9	2	3

64

6	5	3	7	1	2	8	4	9
9	1	7	4	8	6	5	2	3
8	2	4	9	5	3	7	1	6
7	3	8	5	2	9	1	6	4
4	6	2	1	3	7	9	5	8
5	9	1	6	4	8	2	3	7
1	7	5	8	6	4	3	9	2
2	8	6	3	9	1	4	7	5
3	4	9	2	7	5	6	8	1

65

6	1	3	7	8	9	2	4	5
7	2	4	6	1	5	3	8	9
5	8	9	2	3	4	7	6	1
8	9	1	5	4	2	6	7	3
2	6	5	1	7	3	4	9	8
3	4	7	8	9	6	5	1	2
9	7	6	3	2	8	1	5	4
1	3	8	4	5	7	9	2	6
4	5	2	9	6	1	8	3	7

66

3	1	4	7	2	5	8	6	9
2	5	9	6	8	4	3	1	7
6	7	8	9	1	3	2	4	5
4	9	7	5	3	1	6	8	2
5	6	2	8	4	7	1	9	3
8	3	1	2	6	9	5	7	4
7	8	6	4	5	2	9	3	1
9	2	3	1	7	6	4	5	8
1	4	5	3	9	8	7	2	6

67

6	3	7	8	4	5	9	1	2
8	5	1	7	9	2	3	4	6
4	9	2	1	3	6	5	7	8
5	8	3	4	1	7	2	6	9
1	2	6	9	5	8	7	3	4
7	4	9	6	2	3	8	5	1
9	7	4	3	8	1	6	2	5
2	6	8	5	7	4	1	9	3
3	1	5	2	6	9	4	8	7

68

8	5	7	9	2	6	3	4	1
9	2	3	8	4	1	5	6	7
1	4	6	3	5	7	8	9	2
4	6	8	2	7	9	1	5	3
5	7	9	6	1	3	4	2	8
2	3	1	4	8	5	6	7	9
6	8	4	7	3	2	9	1	5
7	9	5	1	6	8	2	3	4
3	1	2	5	9	4	7	8	6

69

5	4	3	7	9	8	6	1	2
6	1	9	5	4	2	3	7	8
7	8	2	1	6	3	9	4	5
2	3	5	6	7	9	1	8	4
9	6	4	8	2	1	5	3	7
8	7	1	3	5	4	2	9	6
1	9	6	4	8	5	7	2	3
3	5	8	2	1	7	4	6	9
4	2	7	9	3	6	8	5	1

70

3	2	8	9	5	6	7	1	4
4	1	9	3	7	2	5	8	6
7	6	5	4	8	1	2	9	3
2	9	6	5	3	4	1	7	8
8	7	1	2	6	9	3	4	5
5	3	4	7	1	8	9	6	2
1	5	3	8	4	7	6	2	9
9	4	7	6	2	5	8	3	1
6	8	2	1	9	3	4	5	7

71

9	2	7	8	3	4	6	5	1
1	4	5	6	2	7	8	3	9
8	3	6	5	1	9	4	2	7
2	7	1	4	5	3	9	6	8
5	8	3	9	6	1	7	4	2
4	6	9	7	8	2	5	1	3
7	9	2	1	4	6	3	8	5
3	5	4	2	7	8	1	9	6
6	1	8	3	9	5	2	7	4

72

5	2	4	9	6	1	3	8	7
9	1	3	8	7	2	5	4	6
7	6	8	4	3	5	2	1	9
4	5	6	2	9	8	1	7	3
1	8	2	3	5	7	6	9	4
3	9	7	6	1	4	8	5	2
2	3	5	7	8	9	4	6	1
8	4	9	1	2	6	7	3	5
6	7	1	5	4	3	9	2	8

73

1	4	2	6	9	8	3	5	7
6	3	8	5	1	7	9	4	2
7	9	5	4	2	3	1	8	6
3	8	9	2	5	4	7	6	1
4	1	7	8	3	6	2	9	5
5	2	6	9	7	1	8	3	4
2	7	4	3	8	5	6	1	9
9	6	3	1	4	2	5	7	8
8	5	1	7	6	9	4	2	3

74

1	4	8	3	2	7	6	5	9
2	6	7	5	9	4	3	8	1
9	3	5	8	6	1	7	4	2
3	9	6	4	5	2	1	7	8
7	1	4	6	3	8	9	2	5
8	5	2	1	7	9	4	6	3
4	8	9	2	1	6	5	3	7
6	7	3	9	8	5	2	1	4
5	2	1	7	4	3	8	9	6

75

4	5	1	9	6	3	7	8	2
9	8	2	7	4	1	3	6	5
6	3	7	8	5	2	1	9	4
3	1	4	5	8	9	6	2	7
8	2	9	1	7	6	4	5	3
5	7	6	2	3	4	8	1	9
7	6	8	4	2	5	9	3	1
2	9	3	6	1	7	5	4	8
1	4	5	3	9	8	2	7	6

76

3	4	1	5	9	7	2	6	8
7	2	6	4	8	3	5	9	1
5	8	9	1	6	2	3	7	4
4	9	8	6	1	5	7	3	2
2	3	5	8	7	4	6	1	9
1	6	7	2	3	9	4	8	5
9	5	3	7	4	1	8	2	6
8	1	4	3	2	6	9	5	7
6	7	2	9	5	8	1	4	3

77

1	9	8	7	3	2	6	4	5
2	6	4	8	1	5	7	9	3
3	7	5	9	4	6	1	2	8
7	4	3	2	5	9	8	6	1
9	8	2	6	7	1	3	5	4
5	1	6	4	8	3	9	7	2
4	2	7	3	6	8	5	1	9
8	5	9	1	2	7	4	3	6
6	3	1	5	9	4	2	8	7

78

3	4	8	5	7	6	2	9	1
7	6	2	1	3	9	5	8	4
1	9	5	2	4	8	6	7	3
4	5	3	7	6	2	8	1	9
2	7	6	8	9	1	4	3	5
8	1	9	4	5	3	7	2	6
9	3	4	6	2	7	1	5	8
6	2	1	9	8	5	3	4	7
5	8	7	3	1	4	9	6	2

79

6	7	1	5	9	8	4	3	2
4	5	3	2	6	1	8	9	7
8	2	9	4	7	3	6	1	5
3	4	2	9	5	6	1	7	8
9	1	6	3	8	7	5	2	4
7	8	5	1	2	4	3	6	9
5	9	8	6	1	2	7	4	3
1	3	7	8	4	9	2	5	6
2	6	4	7	3	5	9	8	1

80

8	2	1	5	9	7	6	4	3
6	5	4	8	1	3	9	2	7
9	3	7	4	6	2	5	1	8
7	6	5	1	2	8	4	3	9
1	4	2	6	3	9	7	8	5
3	8	9	7	4	5	2	6	1
5	7	3	2	8	6	1	9	4
2	1	8	9	5	4	3	7	6
4	9	6	3	7	1	8	5	2

81

1	7	9	5	3	8	4	6	2
8	5	3	6	4	2	1	7	9
6	4	2	9	1	7	5	3	8
9	8	6	1	2	5	7	4	3
7	2	4	3	8	6	9	1	5
3	1	5	4	7	9	8	2	6
2	3	8	7	9	4	6	5	1
4	6	1	8	5	3	2	9	7
5	9	7	2	6	1	3	8	4

82

1	3	6	8	9	5	2	7	4
4	7	5	6	2	3	9	1	8
9	2	8	1	4	7	3	5	6
2	8	7	9	6	4	1	3	5
5	9	1	7	3	8	4	6	2
6	4	3	5	1	2	7	8	9
3	1	9	2	5	6	8	4	7
8	5	4	3	7	9	6	2	1
7	6	2	4	8	1	5	9	3

83

2	9	6	3	7	8	1	5	4
1	3	8	9	5	4	7	2	6
5	7	4	2	1	6	9	3	8
9	6	3	8	2	1	4	7	5
7	8	5	4	6	3	2	9	1
4	1	2	7	9	5	8	6	3
8	5	9	6	4	2	3	1	7
3	2	1	5	8	7	6	4	9
6	4	7	1	3	9	5	8	2

84

5	7	1	2	3	4	9	8	6
2	3	6	7	9	8	4	1	5
9	4	8	1	6	5	2	3	7
1	2	5	3	7	9	8	6	4
4	9	7	8	1	6	3	5	2
8	6	3	4	5	2	7	9	1
3	8	4	6	2	1	5	7	9
7	1	9	5	4	3	6	2	8
6	5	2	9	8	7	1	4	3

85

6	9	4	8	2	3	1	7	5
2	5	1	4	6	7	3	8	9
7	3	8	5	9	1	4	2	6
4	6	2	3	8	9	7	5	1
9	7	3	1	4	5	2	6	8
8	1	5	2	7	6	9	3	4
1	8	7	9	5	2	6	4	3
5	2	9	6	3	4	8	1	7
3	4	6	7	1	8	5	9	2

86

5	6	4	2	1	8	9	7	3
9	1	7	6	4	3	2	5	8
2	8	3	5	9	7	4	1	6
6	9	2	1	5	4	3	8	7
1	4	8	7	3	6	5	9	2
7	3	5	8	2	9	1	6	4
8	5	1	3	6	2	7	4	9
4	2	6	9	7	1	8	3	5
3	7	9	4	8	5	6	2	1

87

8	2	4	1	9	3	5	7	6
1	7	9	5	6	2	8	3	4
5	3	6	7	4	8	9	2	1
3	1	7	9	2	4	6	8	5
4	5	8	6	1	7	3	9	2
6	9	2	3	8	5	1	4	7
2	4	5	8	3	1	7	6	9
7	6	3	4	5	9	2	1	8
9	8	1	2	7	6	4	5	3

88

9	6	8	1	4	5	2	7	3
2	7	4	3	8	9	5	1	6
5	3	1	6	2	7	4	9	8
3	5	2	4	9	6	7	8	1
6	8	7	5	1	2	3	4	9
4	1	9	8	7	3	6	2	5
7	9	6	2	3	1	8	5	4
1	4	3	7	5	8	9	6	2
8	2	5	9	6	4	1	3	7

89

8	3	6	4	2	5	7	1	9
5	2	1	3	7	9	4	8	6
7	9	4	8	1	6	2	5	3
3	4	9	2	5	1	8	6	7
1	7	5	6	3	8	9	4	2
2	6	8	7	9	4	5	3	1
4	8	7	1	6	2	3	9	5
6	5	3	9	8	7	1	2	4
9	1	2	5	4	3	6	7	8

90

8	4	3	6	7	2	1	5	9
2	6	5	9	1	3	4	7	8
1	7	9	5	8	4	3	6	2
6	9	4	3	2	8	5	1	7
5	1	8	7	9	6	2	4	3
7	3	2	4	5	1	8	9	6
4	5	6	2	3	9	7	8	1
3	8	7	1	6	5	9	2	4
9	2	1	8	4	7	6	3	5

91

1	7	9	8	2	6	4	3	5
8	3	6	4	5	1	2	7	9
5	4	2	3	7	9	8	1	6
3	8	5	2	9	4	1	6	7
2	6	1	7	3	8	5	9	4
4	9	7	1	6	5	3	2	8
6	1	3	5	8	7	9	4	2
9	5	4	6	1	2	7	8	3
7	2	8	9	4	3	6	5	1

92

5	3	8	9	1	7	2	6	4
6	2	4	8	3	5	7	9	1
7	1	9	2	6	4	8	3	5
8	6	3	5	9	1	4	2	7
1	4	2	3	7	8	6	5	9
9	7	5	4	2	6	1	8	3
4	8	6	7	5	3	9	1	2
3	9	7	1	8	2	5	4	6
2	5	1	6	4	9	3	7	8

93

7	6	2	8	4	5	3	9	1
4	9	3	2	1	7	5	8	6
5	1	8	6	3	9	2	7	4
2	3	6	5	9	8	4	1	7
8	4	5	1	7	2	9	6	3
9	7	1	4	6	3	8	2	5
3	2	4	7	8	1	6	5	9
1	5	9	3	2	6	7	4	8
6	8	7	9	5	4	1	3	2

94

6	9	2	1	3	7	4	5	8
3	4	8	2	6	5	9	7	1
1	7	5	9	8	4	2	3	6
5	2	7	3	9	1	8	6	4
8	6	3	7	4	2	5	1	9
9	1	4	8	5	6	3	2	7
7	5	1	4	2	9	6	8	3
2	8	9	6	7	3	1	4	5
4	3	6	5	1	8	7	9	2

95

5	2	8	9	7	4	1	6	3
9	3	7	2	6	1	5	8	4
6	4	1	8	5	3	9	2	7
3	8	2	6	1	7	4	9	5
1	6	5	4	2	9	3	7	8
4	7	9	5	3	8	2	1	6
2	9	6	7	4	5	8	3	1
8	5	3	1	9	6	7	4	2
7	1	4	3	8	2	6	5	9

96

4	6	7	1	5	3	2	8	9
3	9	8	2	6	7	1	5	4
5	1	2	4	9	8	6	3	7
2	7	5	8	4	9	3	1	6
8	3	9	6	7	1	4	2	5
1	4	6	3	2	5	9	7	8
9	5	4	7	3	2	8	6	1
7	8	3	9	1	6	5	4	2
6	2	1	5	8	4	7	9	3

97

1	9	3	2	4	6	8	5	7
8	6	7	9	5	1	2	4	3
5	4	2	3	8	7	1	6	9
7	3	5	6	1	4	9	8	2
6	8	4	7	2	9	5	3	1
2	1	9	5	3	8	6	7	4
3	7	6	1	9	5	4	2	8
9	5	8	4	7	2	3	1	6
4	2	1	8	6	3	7	9	5

98

6	8	1	2	3	7	4	9	5
9	2	3	6	4	5	7	1	8
4	7	5	8	1	9	6	3	2
8	1	7	4	9	3	2	5	6
2	4	6	1	5	8	9	7	3
3	5	9	7	6	2	8	4	1
1	9	4	3	8	6	5	2	7
7	3	8	5	2	4	1	6	9
5	6	2	9	7	1	3	8	4

99

7	1	2	5	9	4	8	3	6
9	5	3	2	8	6	1	7	4
6	4	8	3	7	1	2	5	9
3	8	7	4	1	9	6	2	5
4	9	1	6	5	2	7	8	3
5	2	6	8	3	7	9	4	1
2	7	4	9	6	3	5	1	8
1	6	5	7	4	8	3	9	2
8	3	9	1	2	5	4	6	7

100

4	9	1	6	5	2	7	3	8
7	6	2	1	8	3	4	5	9
8	5	3	4	9	7	1	2	6
1	2	4	5	7	6	9	8	3
3	7	9	2	4	8	5	6	1
6	8	5	3	1	9	2	4	7
2	1	8	9	6	4	3	7	5
9	4	6	7	3	5	8	1	2
5	3	7	8	2	1	6	9	4

101

8	5	1	2	9	7	3	4	6
2	6	7	3	4	8	1	9	5
3	9	4	1	6	5	7	8	2
4	7	8	6	1	9	5	2	3
6	2	9	7	5	3	8	1	4
1	3	5	8	2	4	6	7	9
7	8	2	4	3	6	9	5	1
5	4	3	9	7	1	2	6	8
9	1	6	5	8	2	4	3	7

102

1	5	8	6	3	9	4	2	7
7	9	2	5	8	4	1	6	3
6	3	4	2	7	1	5	9	8
4	8	6	7	5	2	3	1	9
5	2	9	8	1	3	7	4	6
3	7	1	4	9	6	8	5	2
8	1	7	9	6	5	2	3	4
2	6	3	1	4	7	9	8	5
9	4	5	3	2	8	6	7	1

103

7	3	2	6	4	9	5	1	8
9	1	8	3	5	7	4	6	2
5	4	6	1	2	8	9	3	7
2	9	5	7	1	3	6	8	4
1	8	4	2	9	6	3	7	5
3	6	7	4	8	5	1	2	9
8	2	1	9	6	4	7	5	3
6	7	9	5	3	2	8	4	1
4	5	3	8	7	1	2	9	6

104

1	4	7	8	6	9	3	2	5
2	3	6	4	1	5	7	8	9
9	8	5	3	7	2	6	1	4
7	2	9	1	5	4	8	3	6
6	5	4	2	8	3	1	9	7
3	1	8	6	9	7	5	4	2
8	9	3	5	4	6	2	7	1
4	6	2	7	3	1	9	5	8
5	7	1	9	2	8	4	6	3

105

6	9	1	8	4	3	5	2	7
4	8	7	5	2	1	3	6	9
3	5	2	6	7	9	4	8	1
1	7	9	4	6	2	8	3	5
2	6	3	1	8	5	9	7	4
5	4	8	9	3	7	2	1	6
8	1	4	3	9	6	7	5	2
7	3	5	2	1	4	6	9	8
9	2	6	7	5	8	1	4	3

106

4	9	8	3	1	2	7	5	6
3	5	2	6	7	8	9	4	1
7	1	6	5	9	4	3	8	2
8	6	9	4	5	1	2	7	3
1	2	3	8	6	7	4	9	5
5	4	7	2	3	9	6	1	8
6	8	4	9	2	5	1	3	7
2	7	5	1	4	3	8	6	9
9	3	1	7	8	6	5	2	4

107

9	7	3	5	8	6	4	2	1
1	2	5	4	9	7	6	8	3
8	6	4	2	3	1	7	5	9
6	5	7	3	2	8	9	1	4
3	8	1	7	4	9	2	6	5
2	4	9	1	6	5	3	7	8
5	1	2	9	7	4	8	3	6
7	9	8	6	1	3	5	4	2
4	3	6	8	5	2	1	9	7

108

2	7	5	4	9	6	1	3	8
4	1	9	8	3	5	2	6	7
3	8	6	1	2	7	5	4	9
9	3	2	5	7	1	4	8	6
6	5	7	2	4	8	9	1	3
1	4	8	3	6	9	7	2	5
8	2	4	7	5	3	6	9	1
5	9	3	6	1	4	8	7	2
7	6	1	9	8	2	3	5	4

109

7	3	2	9	6	8	5	1	4
9	1	6	3	4	5	8	7	2
4	8	5	7	1	2	9	3	6
6	9	3	8	7	4	1	2	5
1	2	7	6	5	3	4	9	8
8	5	4	2	9	1	3	6	7
3	6	9	5	8	7	2	4	1
5	7	1	4	2	9	6	8	3
2	4	8	1	3	6	7	5	9

110

8	9	2	7	1	5	6	3	4
1	7	3	2	6	4	8	5	9
5	4	6	9	3	8	1	7	2
2	8	7	5	9	6	3	4	1
4	3	9	8	2	1	7	6	5
6	1	5	4	7	3	2	9	8
3	5	8	6	4	2	9	1	7
7	6	4	1	8	9	5	2	3
9	2	1	3	5	7	4	8	6

111

3	8	4	5	6	9	2	7	1
1	7	9	3	8	2	6	5	4
6	2	5	7	1	4	8	3	9
5	4	8	6	3	1	7	9	2
2	6	7	4	9	8	3	1	5
9	3	1	2	7	5	4	6	8
4	5	3	1	2	6	9	8	7
7	9	2	8	5	3	1	4	6
8	1	6	9	4	7	5	2	3

112

4	1	8	9	5	3	6	7	2
7	6	2	8	1	4	9	3	5
9	3	5	2	7	6	1	4	8
6	2	1	3	8	5	7	9	4
5	4	7	6	9	1	8	2	3
8	9	3	4	2	7	5	1	6
3	8	6	1	4	9	2	5	7
1	7	4	5	6	2	3	8	9
2	5	9	7	3	8	4	6	1

113

3	4	7	2	6	5	8	1	9
6	2	8	1	9	7	4	3	5
5	9	1	8	3	4	6	7	2
2	8	3	9	4	1	7	5	6
1	5	4	3	7	6	2	9	8
9	7	6	5	2	8	1	4	3
4	6	5	7	8	3	9	2	1
7	3	2	6	1	9	5	8	4
8	1	9	4	5	2	3	6	7

114

7	8	2	5	4	9	1	6	3
3	5	9	6	7	1	2	4	8
4	6	1	3	2	8	9	5	7
5	1	6	7	8	4	3	2	9
9	2	7	1	3	5	6	8	4
8	4	3	9	6	2	5	7	1
6	3	4	2	1	7	8	9	5
1	7	5	8	9	6	4	3	2
2	9	8	4	5	3	7	1	6

115

9	5	2	4	6	8	3	7	1
3	6	8	5	1	7	2	9	4
4	7	1	2	3	9	6	5	8
8	2	5	7	9	6	4	1	3
7	1	9	3	2	4	8	6	5
6	4	3	8	5	1	9	2	7
2	3	7	6	4	5	1	8	9
5	9	6	1	8	3	7	4	2
1	8	4	9	7	2	5	3	6

116

9	3	7	8	5	1	4	6	2
1	2	5	7	6	4	9	3	8
6	8	4	2	9	3	5	7	1
4	6	2	1	7	5	3	8	9
5	9	3	4	8	6	2	1	7
7	1	8	3	2	9	6	4	5
2	5	1	6	3	8	7	9	4
8	7	6	9	4	2	1	5	3
3	4	9	5	1	7	8	2	6

117

6	2	8	5	4	7	1	9	3
1	7	5	9	2	3	6	4	8
4	9	3	6	1	8	5	2	7
8	6	1	4	7	5	9	3	2
3	4	2	8	9	1	7	5	6
9	5	7	3	6	2	4	8	1
5	3	9	1	8	6	2	7	4
2	1	4	7	3	9	8	6	5
7	8	6	2	5	4	3	1	9

118

2	4	5	1	8	7	6	3	9
6	9	1	2	4	3	5	8	7
7	8	3	9	5	6	1	4	2
4	7	2	8	6	1	3	9	5
5	3	9	4	7	2	8	6	1
1	6	8	3	9	5	2	7	4
9	2	4	6	1	8	7	5	3
8	1	7	5	3	4	9	2	6
3	5	6	7	2	9	4	1	8

119

6	2	8	5	4	7	1	9	3
1	7	5	9	2	3	6	4	8
4	9	3	6	1	8	5	2	7
8	6	1	4	7	5	9	3	2
3	4	2	8	9	1	7	5	6
9	5	7	3	6	2	4	8	1
5	3	9	1	8	6	2	7	4
2	1	4	7	3	9	8	6	5
7	8	6	2	5	4	3	1	9

120

8	2	3	7	1	4	5	9	6
7	4	9	5	6	8	3	1	2
1	5	6	2	3	9	8	7	4
2	1	8	6	4	5	7	3	9
3	6	7	8	9	2	4	5	1
5	9	4	1	7	3	6	2	8
6	8	5	3	2	1	9	4	7
9	3	1	4	8	7	2	6	5
4	7	2	9	5	6	1	8	3

附录

数独 Q&A

这里将罗列出一些数独相关的问题及解答，希望大家学得开心。

数独一定有唯一解吗？

任何一道数独题都必须有唯一解，因为这才能够保证做题的一般要求。就像数学题一样，题目解法很多，但一般来说，答案都只有唯一的一个（或一组）。如果出现多个解，题目肯定就不严谨了。当然，无解题就更不应该出现了。除非故意出多解题（或无解题），比如比赛防止试数而出的题目，就有可能是多解题或无解题。之前数独锦标赛的Guess No More（怎么猜都猜不到）环节就是一个例子。

数独提示数越少越难？

这个观点是一个普遍存在的误区。在第1章我们就说明了，17是能够保证数独题有唯一解的最少提示个数。而其实，这样的题目并不见得就很难。在17个提示数的题库之中，其实也会有简单的题目。题目的难度主要由提示数的分布情况决定。

提示数必须中心对称？

题目给的提示数中心对称仅仅是为了美观。出题者可以在出题的时候将提示数的分布定为中心对称的，也可以是轴对称的，还可以是关于对角线对称的，甚至是没有任何对称结构的，这些都可以。所以在标准数独题目之中，并不需要让提示数具有中心对称的形状。

感觉题目好难的样子，做不动怎么办？

认为题目难，可能是自己的技术不够，不适合做这种难度的题目；可能是能力够了，但是知识点不扎实；也可能是知识点扎实了，但是没观察到。比如行列排除法，有时候就很难观察到，但技巧本身来说，其实是比较简单的。

题目的难度是怎么定的？什么样的题目才叫难？

题目的难度是一眼看不出的。而不同地方，对于数独题目的难度都有自己的见解，因此这些定级都是相对的。不过大概难度是一样的：使用到的技巧只有宫排除者为入门级别；使用技巧的难度在区块排除以下的，为初级级别；使用技巧的难度在数组以下的，叫作中级级别；使用技巧难度在短链以下的，叫作高级级别；使用技巧在普通链以下的，叫作骨灰级别；那么超过普通链的技巧，一般而言就是超骨灰级别了。

另外，有一种软件——Sudoku Explainer（直译为“数独分析器”），可以测评所有标准数独题目的绝对难度系数，相对比较科学，也因此成为国外广泛流行的题目评级软件。

技巧名字太多了，记不住怎么办？

我们要知道的是，技巧名字不是用来记忆的，而是用来给大家拓展思路和答疑解惑用的。

这本书把所有数独技巧全部介绍了一遍吗？

其实并没有。数独的技巧变化千千万万，并不能学完。我们只能从书上学到基础的一些逻辑推理思维，然后在此基础上进行活用和拓展。我们也希望大家能从这本书中受益，比如在链之中，让大家学习到各种链的逻辑，然后加以活用。

怎样观察才会比较方便一点呢?

观察一直是我们常说的话题，但是这只有一个办法，就是多做题、多练习，然后总结技巧的出现情况和出现的形态，否则没有办法提升。

题目如果做错了还有办法修改吗?

做错了的话，一般来说，是没有办法修改的，只能重新做一遍。因此，在做题过程之中，应该避免这种情况的出现，做题时必须小心翼翼，每一步都得非常严谨才可以。

本书推荐网页

本教程会为大家推荐一些常用的标准数独文献网站，其中有一部分是英文界面，如果您对英文不太熟悉的话，请参看其他部分。

独 · 数之道：

http://www.sudokufans.org.cn/

外国某数独论坛（英文）：

http://forum.enjoysudoku.com/

标准数独技巧（英文）：

http://sudopedia.enjoysudoku.com/Solving_Technique.html

数独维基百科：

http://zh.m.wikipedia.org/wiki/%E6%95%B0%E7%8B%AC

最少提示数数独（英文）：

http://staffhome.ecm.uwa.edu.au/~00013890/sudokumin.php

版权声明